U0806808

21天修炼好体态

普拉提核心床训练

何志津◎著

SPM 南方传媒 | 广东经济出版社

·广州·

图书在版编目（CIP）数据

21天修炼好体态：普拉提核心床训练 / 何志津著. 广州：广东经济出版社，2024. 12. -- ISBN 978-7-5454-9446-4

Ⅰ. G883. 2

中国国家版本馆CIP数据核字第2024GY9159号

责任编辑：冯颖　于明慧
责任校对：陈运苗
责任技编：陆俊帆
封面设计：回归线视觉传达

21 天修炼好体态：普拉提核心床训练
21 TIAN XIULIAN HAO TITAI：PULATI HEXINCHUANG XUNLIAN
出 版 人：刘卫平
出版发行：广东经济出版社（广州市水荫路11号11～12楼）
印　　刷：珠海市国彩印刷有限公司
（珠海市金湾区红旗镇永安一路国彩工业园）

开　　本：	787mm×1092mm　1/16	**印　　张：**	11.75
版　　次：	2024年12月第1版	**印　　次：**	2024年12月第1次
书　　号：	ISBN　978-7-5454-9446-4	**字　　数：**	214千字
定　　价：	98. 00元		

发行电话：（020）87393830
广东经济出版社常年法律顾问：胡志海律师

前言

俗话说：“坐有坐相，站有站相。”保持良好的体态可以减少头部、肩颈、腰部和膝盖等部位疼痛问题。

普拉提一直强调的中立位，可有效改善肌力不平衡问题，有助于达到身体的正确排列，提高关节的灵活性和肌肉的柔韧性，有效利用吸气增强身体的伸展性，利用呼气强化身体的稳定性。

为什么普拉提一直强调核心肌群？核心肌群主要指骨盆底肌、膈肌、腹横肌和多裂肌等与骨骼相连接的深层稳定肌群。这些肌肉群能维持身体稳定性。配合呼吸，可增强核心肌群的力量和稳定性，提升身体柔韧性，增强身体协调性和控制能力，减轻压力和紧张感。

普拉提适合各年龄段和不同运动水平的人群。对于初学者来说，练习普拉提应相对温和，一般可从姿态调整和身体控制开始，以建立良好的基础。对于有经验的健身爱好者来说，练习普拉提可以挑战高强度和高难度的动作，通过连贯流畅的动作来锻炼全身肌肉。此外，普拉提还适合预防运动损伤的人群。无论是为了改善体态、减轻压力，还是为了增强身体柔韧性和协调性，普拉提都是一种不错的选择。

核心床是普拉提大器械中的一种训练设备，其好处是能够有效地提高训练效果，减少运动损伤，使全身肌肉平衡，核心肌群得到有效的训练。同时，核心床作为辅助工具，能够提高人对身体躯干的控制能力，以及对四肢的协调能力，改善体态，塑造紧致形体，提升运动表现力。

练习普拉提需要遵循安全、适量、适当的基本原则。练习者进行练习前应仔细了解并掌握以下事项：

宜穿相对贴身的衣服，不建议穿丝滑或透气性差的衣服。建议穿上防滑袜子，起到安全与卫生的作用。

注意控制呼吸与动作保持一致，不要憋气。如是初学者应减少深呼吸等动作，自然舒适即可，避免出现头晕等症状。

练习普拉提前的两个小时内，不宜吃得过饱，否则会影响身体状态和运动能力。

练习过程中忌大量喝水，适当补水即可，避免增加身体的负担。

练习过程中若出现呼吸困难、肌肉无力、关节疼痛等情况，应马上停止练习，及时寻求专业人员帮助。

特别提示

①本书中所涉及的运动必须在专业人员指导下进行。

②如有关节、脊椎疼痛等问题，或患有慢性疾病，必须在专业人员指导下练习。

③切勿在身体不适的情况下练习，应以安全、适量、适当为准则。如有不适请停止运动，及时就医检查。

目录

Contents

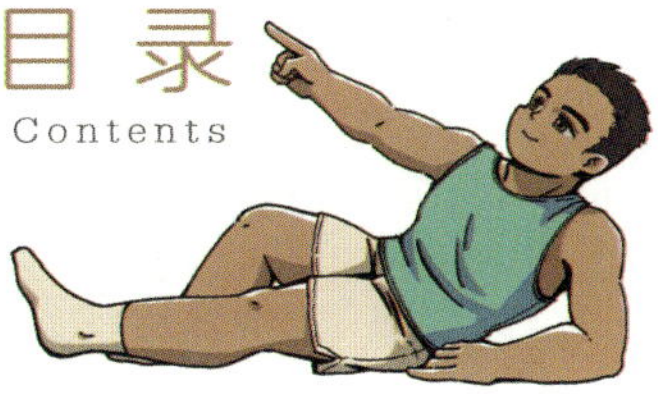

第一章

原则原理

1 一、中立位（良好体态）

（1）关节

代偿机制：如果某一关节出现疼痛，上下关节的灵活度就会降低（“偷懒不工作”）。如，膝盖过度灵活或伸展，造成踝关节和髋关节代偿；腰椎段出现劳损，一部分原因是髋关节与胸椎灵活度不足。

头颈（右图示1）：稳定（训练中稳定，避免冲击力）。

肩关节（右图示2）：灵活（屈曲/伸展、外展/内收）。

肩胛骨（右图示3）：稳定（上提/下压、前引/后缩、上回旋/下回旋）。

肘关节（右图示4）：稳定（屈曲/伸展）。

腕关节（右图示5）：灵活（屈曲/伸展、尺偏/桡偏、尺桡关节的旋前/旋后）。

胸椎（右图示6）：灵活（屈曲/伸展、侧屈、回旋）。

腰椎（右图示7）：稳定（屈曲/伸展）。

骨盆（右图示8）：相对稳定（旋前/旋后）。

髋关节（右图示9）：灵活（屈曲/伸展、外展/内收、外旋/内旋）。

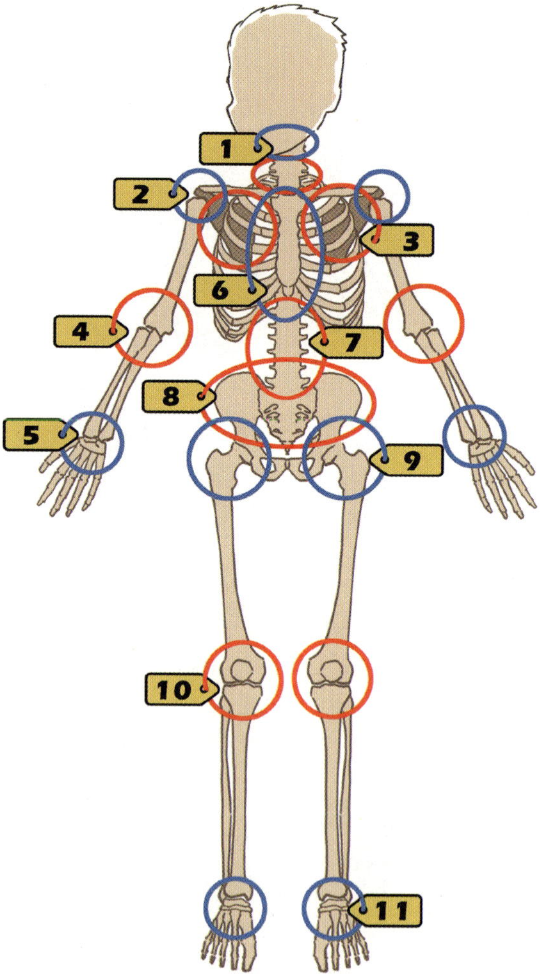

人体关节示意图

膝关节（第2页图示10）：稳定（屈曲/伸展）。

踝关节（第2页图示11）：灵活（屈曲/伸展、外翻/内翻）。

注：训练原则为灵活中保持稳定。

（2）肌肉

人体约有639块肌肉，主要的肌肉有平滑肌、心肌和骨骼肌等。

（3）筋膜

一种纤维结缔组织，对骨骼、肌肉等运动组织有传递力与提升本体感等作用。

（4）神经

控制人体组织器官的感受与运动功能。

（5）血液

血液是人体循环系统中的液体组织，有输送养分、调节体温、抵御病菌、平衡渗透压和酸碱等功能。

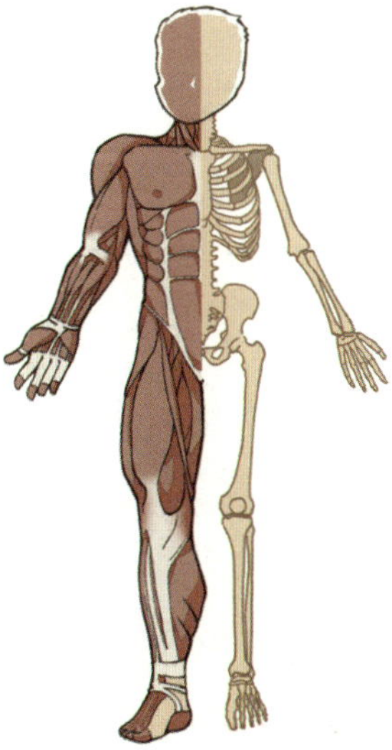

人体肌肉示意图

人体筋膜示意图

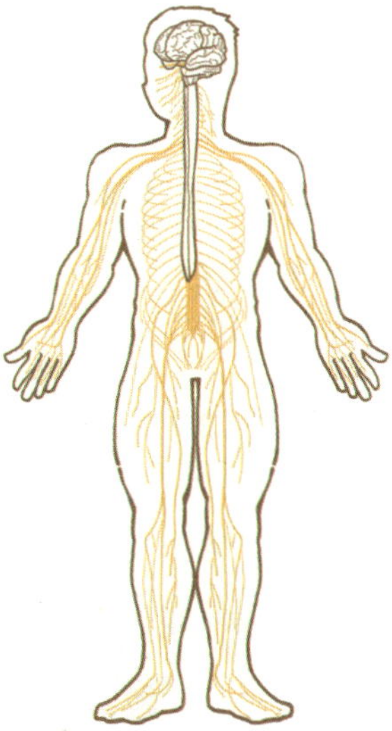

人体神经示意图

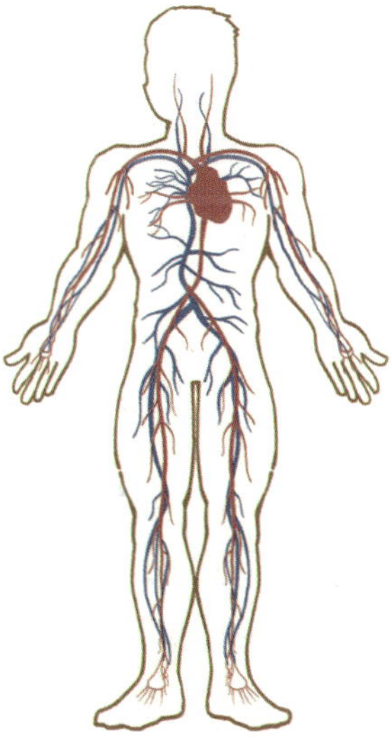

人体血液示意图

二、呼吸

（1）良好的呼吸方式

三维呼吸：胸椎前后、左右联动，胸腹上下整体联动，有五个作用：氧合作用，提高关节的稳定性和灵活性，有助于脏器健康与消化，促进血液循环，放松身体。含腹式呼吸（放松身体）和胸式呼吸（提升运动表现力）。

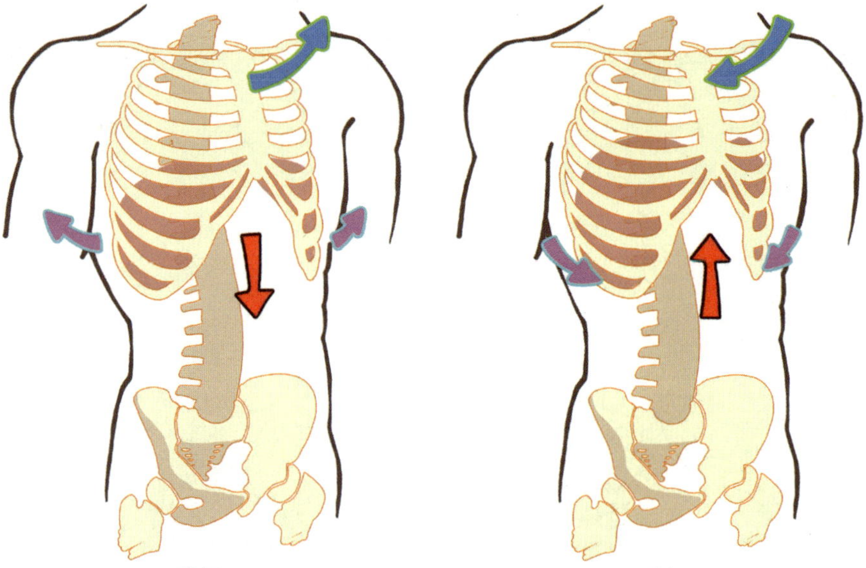

三维呼吸示意图

（2）日常的呼吸方式

鼻吸鼻呼：从人体结构上看，安全且自然。

鼻吸口呼：有利于启动三维呼吸，提高对氧气的利用率，改善口腔环境与呼吸循环，温和收缩深层肌肉，达到肌力的平衡。腹式呼吸能调整肺部气体交换的方式。

口吸口呼：辅助式呼吸方式中的一种，若长期口吸口呼易引发肩颈与上胸部的代偿机制，如肩颈劳损。

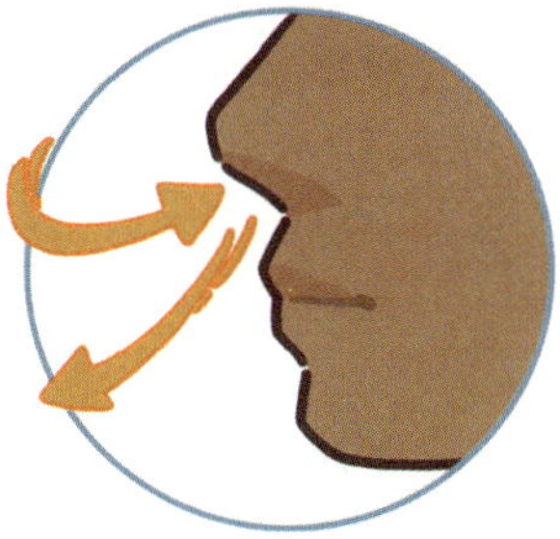

鼻吸鼻呼示意图

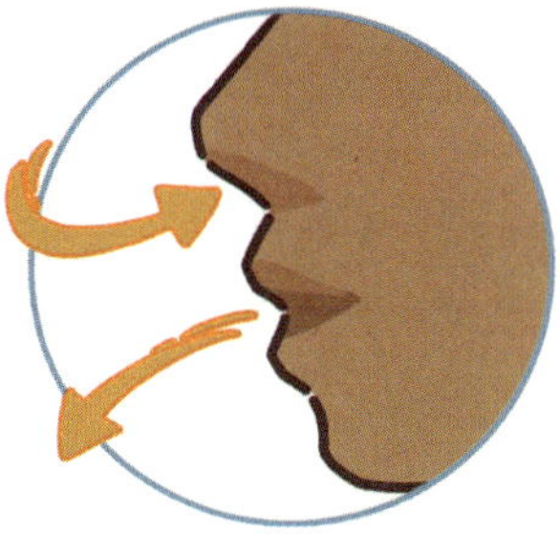

鼻吸口呼示意图

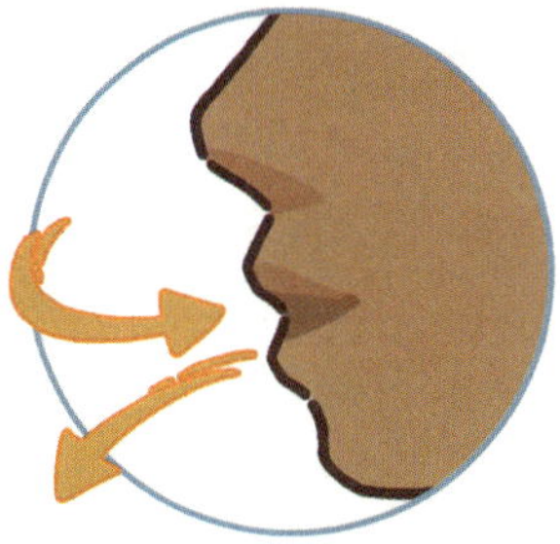

口吸口呼示意图

（3）呼吸方式与体式参考

腹式/自然呼吸：自然呼吸呼气时膈肌舒张向上拉动，吸气时膈肌收缩向下拉动，肋骨微展开使肺底部向下带入空气，呼气时接着放松膈肌，排出二氧化碳。此呼吸主要在睡眠、瑜伽练习场景下进行，有助于放松身体。

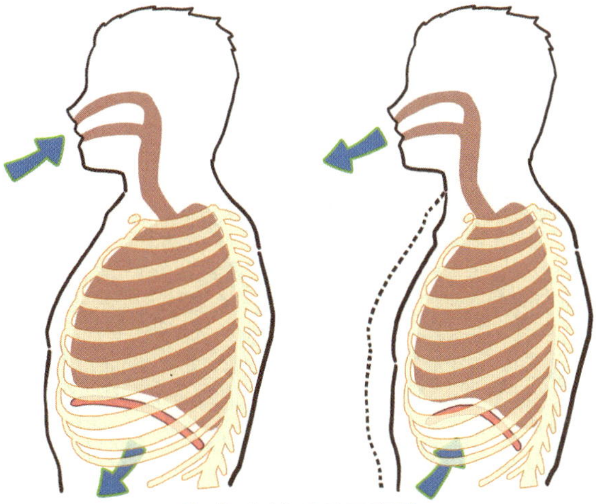

腹式/自然呼吸示意图

上胸呼吸：通过锁骨与肩关节带动，增加胸廓的空间。建议常做伸展脊椎的活动，如“伸懒腰”。但若长期以此法呼吸会导致颈部肌群过度激活（尤其是久坐人群或心肺功能减弱人群）、肌肉劳损、精神紧绷，属于不良的呼吸方式。

体式：脊椎伸展，如天鹅伸展。

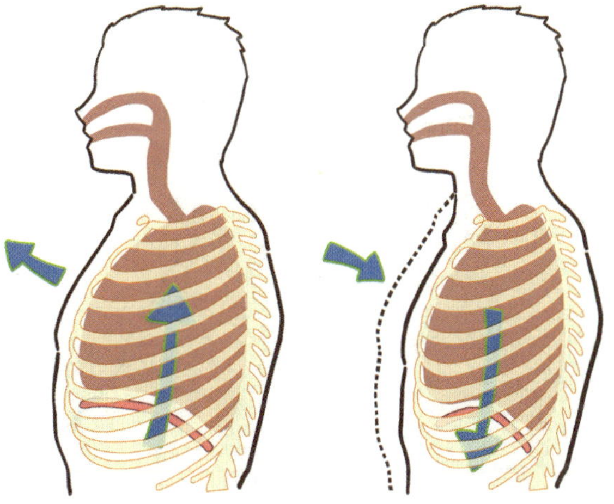

上胸呼吸示意图

肋间呼吸（胸廓两侧呼吸）：吸气时胸廓从肋骨底部开始扩张，深层腹部微收缩，胸廓向两侧打开。横向扩展帮助拉伸深层背肌，保持姿势。呼气时激活深层腹部肌肉、骨盆底肌等核心肌群收缩，有助于稳定脊柱，保持姿势。

体式：需要稳定身体、提升运动表现力的体位，如仰卧、俯卧、四肢位、坐姿、跪姿、站姿等。

后背式呼吸：吸气时胸廓后背呼吸肌被激活，空气进入肺后部，后背感觉被打开。这有助于维持脊椎主动屈曲的姿势。

体式：脊椎屈曲，如猫式屈曲、卷腹等动作。

单侧横向呼吸：吸气时有意识地让胸廓单侧呼吸肌群收缩，引导空气进入单侧肺部，增加单侧肺部活动。对脊柱侧弯有改善作用。

体式：脊椎侧弯，如美人鱼动作。

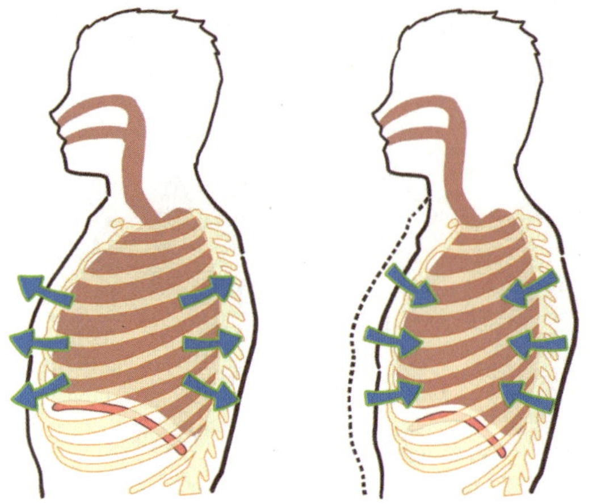

肋间呼吸示意图

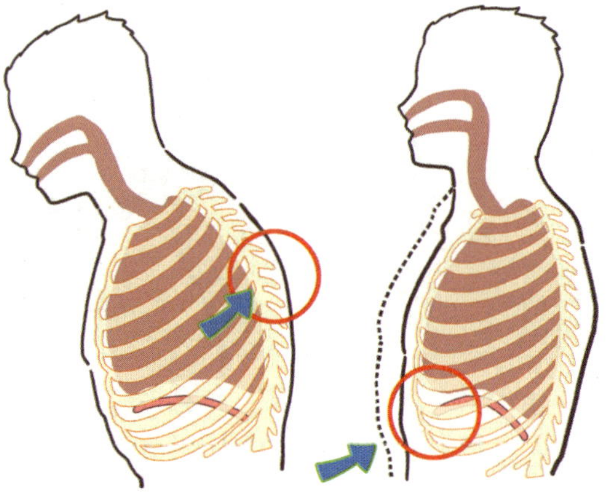

后背式呼吸示意图

单侧横向呼吸示意图

3 三、核心

只有运用正确的呼吸方式，才能激活躯体上主要的四块肌肉并强化其核心力量。

（1）骨盆底肌

支撑内脏： 处于恰当的位置，防止器官下垂。

控制排泄： 通过控制膀胱与肛门的开合来控制排泄。

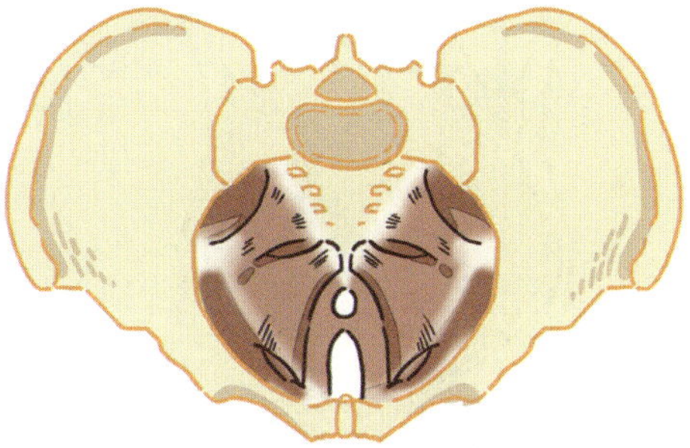

骨盆底肌示意图

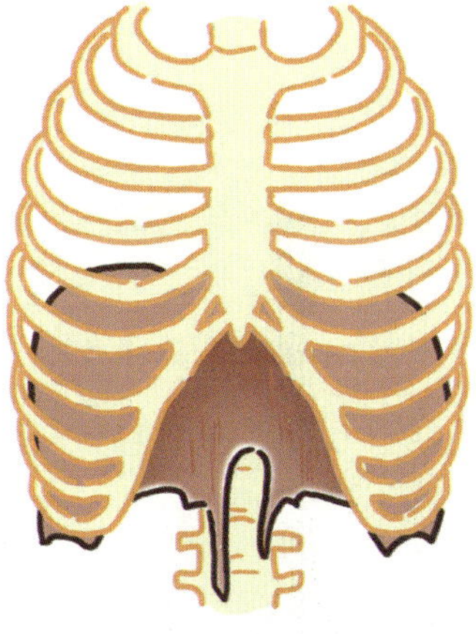

膈肌示意图

（2）膈肌

维持脏器的功能： 膈肌隔开了胸腔和腹腔，并维持两个腔内脏器的功能。

呼吸肌： 辅助呼吸和增加腹内压，具有协助骨盆底肌的功能。

（3）腹横肌

保护腹部的脏器。

腹横肌是稳定脊椎的肌肉之一，具有调整腹内压、维持脊柱稳定和通过胸腰筋膜传递力的作用。

协助呼吸。

控制脊柱运动。

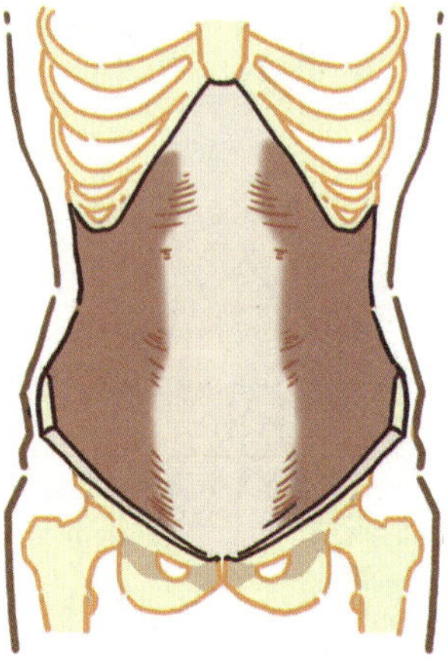

正面

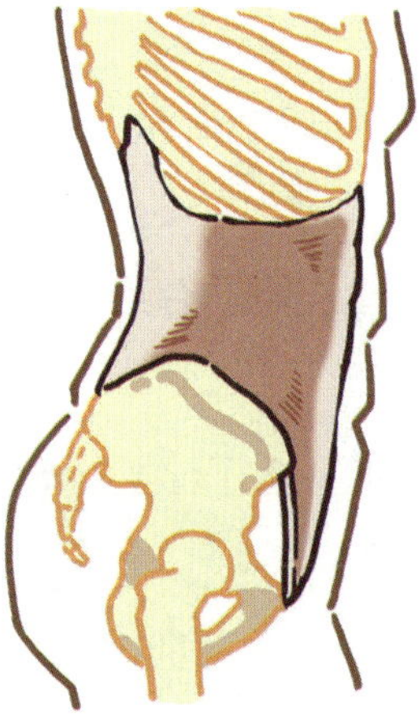

侧面

腹横肌示意图

（4）多裂肌

维持脊柱稳定。

控制脊柱的伸展、侧曲和旋转。

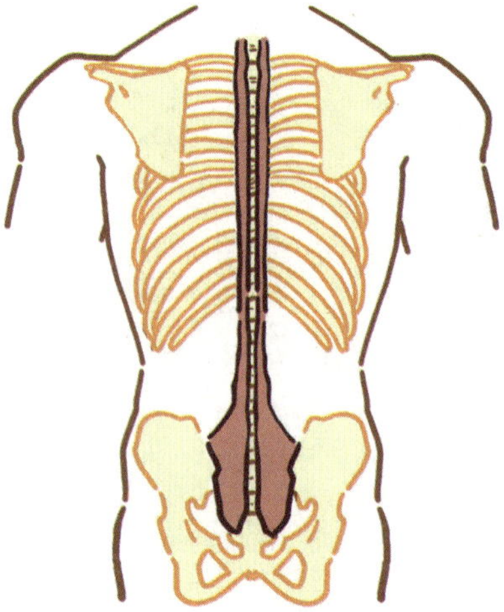

多裂肌（背面）示意图

四、器械使用

不同的核心床弹簧拉力与尺寸有所差异。

滑板

（1）滑板

滑板上面可做各种有效的抗阻训练。

固定栓

（2）固定栓

调整滑板与脚杆的距离。

仰卧时：调整髋关节屈髋90度为起始动作。

不同身高对应不同的起始位置。

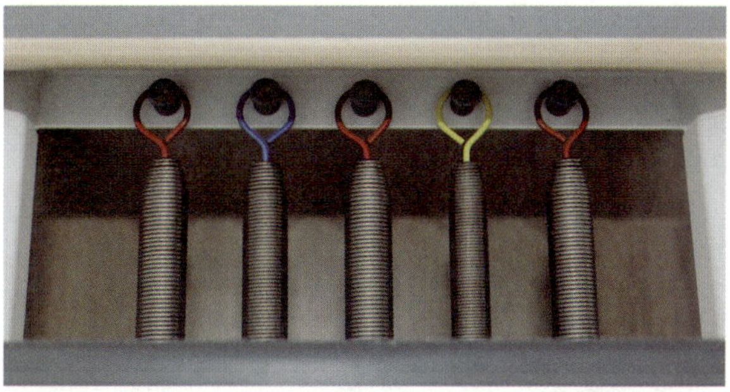
弹簧

（3）弹簧

弹簧数量决定阻力的大小。

1根红色：约0.45千克。

1根绿色/蓝色：约0.23千克。

1根黄色/白色：约0.14千克。

使用说明

弹簧的使用效果会受到使用者的年龄、身高、体重、运动表现的影响。如一根红色弹簧用于身高和体重相同但运动习惯不同的使用者时，他们的感受会不同。每个品牌的弹簧受到工艺、粗细、长短的影响，张力也有所不同（建议咨询生产商）。

注意事项

①当弹簧在运动中被拉紧时，切忌调整弹簧。

②不要松开所有弹簧。

③调节时须全手掌心握住弹簧。

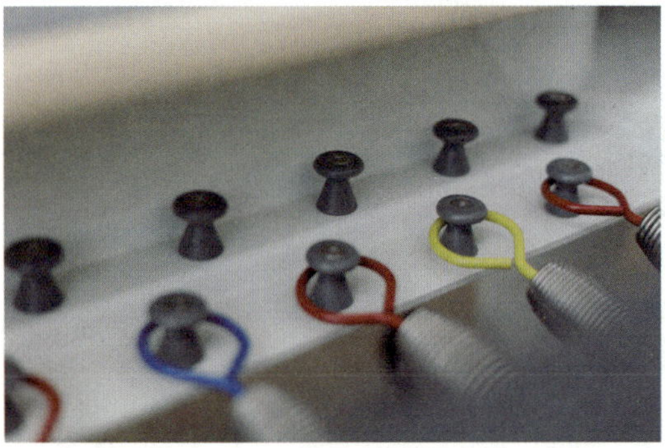
排扣

（4）排扣

增加或减少弹簧阻力。

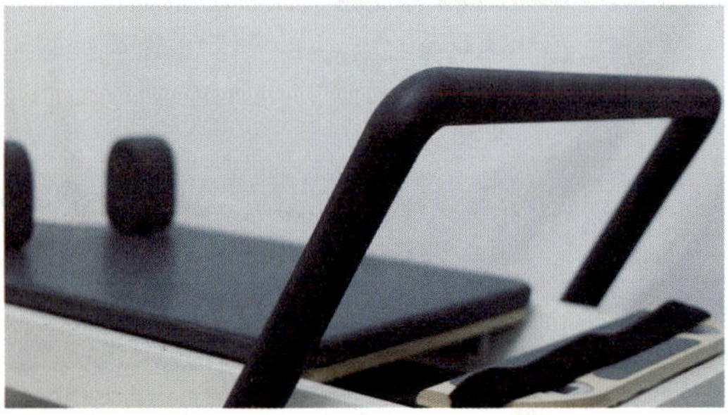
脚杆

（5）脚杆

可上下调整，提高或降低动作的难度。

肩托

（6）肩托

防止身体在训练时滑脱，起保护作用。

（7）脚绳/手绳

确定合适的长度，辅助提高或降低难度，同时提升运动感受。

脚绳挂在腿上，应放在靠近脚跟的位置，避免脚踝活动受限。

拉动手绳，应靠近虎口和小鱼际的位置，防止手腕压力过大。

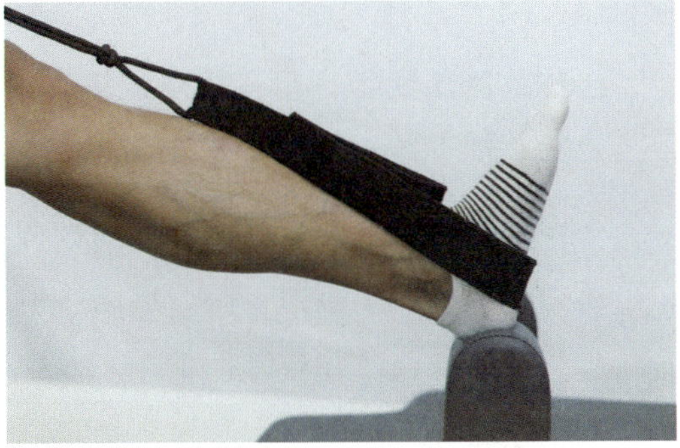

脚绳

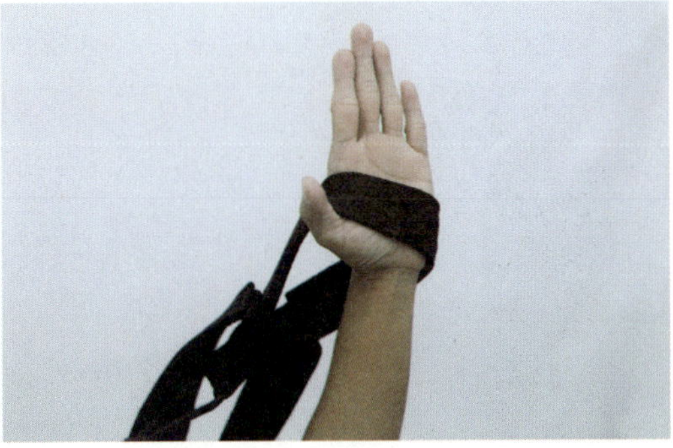

手绳

（8）头垫

分平面、半抬和全抬三种。如使用时出现头前引、胸椎平直、肋骨外翻的情况，建议适当调整。

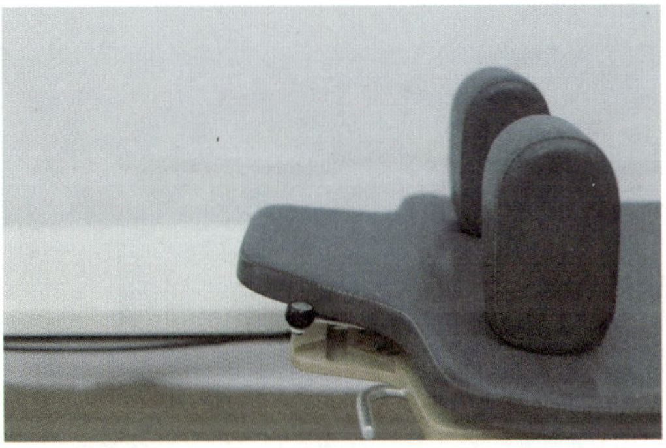

头垫

（9）箱子

用于辅助或调整动作。

箱子

（10）小工具

小球：简单易用，可在日常训练中与垫子搭配，增加器械上的普拉提动作的本体感觉与难度，扩大动作幅度。

毛巾：常规的辅助工具，放在腰部可起到稳定腰椎的作用。

魔力圈：可产生阻力，提升练习中的肌肉张力和耐力、身体协调性等。

坐垫：确保骨盆在良好位置上，减轻关节压力。

脊椎松解棒：缓解肌肉酸疼，放松粘连筋膜，帮助增加脊椎与关节的活动空间。

小球

毛巾

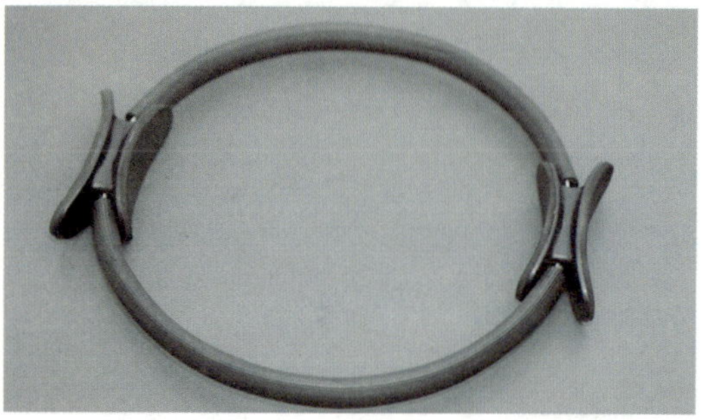

魔力圈

坐垫

脊椎松解棒

第二章

动 作 教 学

一、脚杆系列

（一）骨盆卷起

弹簧使用：

全弹簧：提高髋关节灵活度，强化脊椎屈伸练习。（发力感受20%～60%）

◆ **起始位置：**仰卧，保持中立位，双脚分开与肩同宽，脚跟踩在脚杆上。手臂置于身体两侧，掌心向下（如圆肩驼背可掌心向上）。

◆ **呼吸方式：**

①吸气：准备。

②呼气：从骨盆中立位开始，逐节卷起至上胸椎段；

吸气：准备。

③呼气：从上胸椎段逐节回到骨盆中立位。

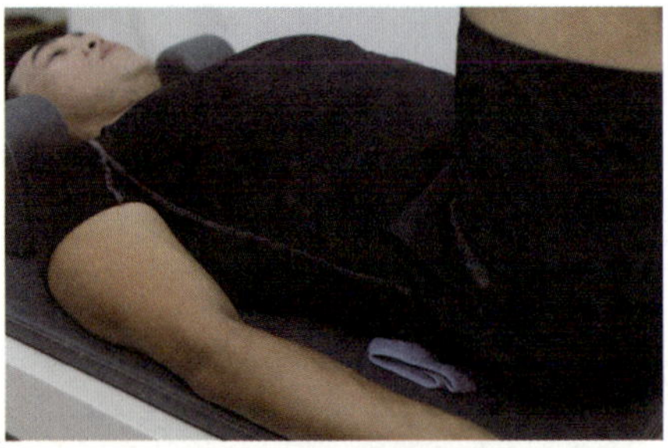

毛巾放在下腰部

◆ **建议练习次数：**8～12次（如感觉练习量不足，可适当增加次数）。

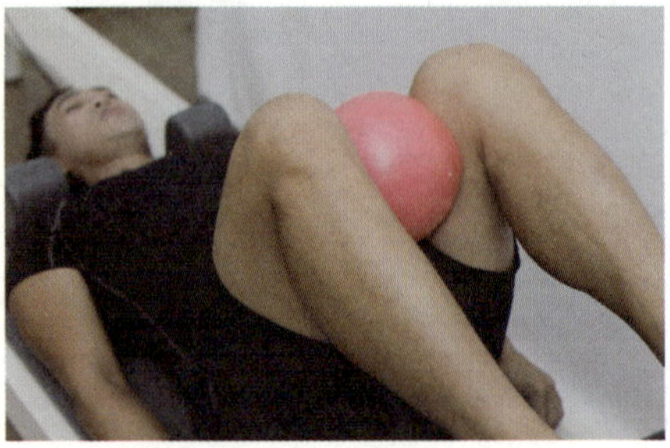

小球夹在大腿内侧

◆ **小工具使用：**

① 毛巾放在下腰部，有助于稳定骨盆，提升脊椎卷动的效果。

② 小球夹在大腿内侧，有助于稳定膝关节，强化大腿内收肌群。

注意事项

① 头垫放下。

② 双腿分开，脚跟与肩同宽。

③ 避免过度伸展脊椎。

④ 保持滑板不动。

①吸气：准备

②呼气：逐节卷起；吸气：准备

③呼气：逐节卷下

（二）骨盆卷起和蹬腿

弹簧使用：

1红1蓝或以下重量：提高髋关节灵活度，进行脊椎屈伸练习。（发力感受：20%~40%）

2红1蓝或以上重量：锻炼臀腿力量。（发力感受：60%~80%）

- **起始位置：** 仰卧，保持中立位，双脚分开与肩同宽，脚跟踩在脚杆上。手臂置于身体两侧，掌心向下（如圆肩驼背可掌心向上）。

◆ **呼吸方式：**

①吸气：准备。

②呼气：从骨盆中立位开始，逐节卷起至上胸椎段；

吸气：准备。

③呼气：双腿向外蹬出去，肩膀、髋关节、膝盖、脚踝四处连成一条直线。

④吸气：骨盆后倾，屈膝大腿后侧带动，让滑板回到起始位。

⑤呼气：从上胸椎段逐节回到骨盆中立位。

◆ **建议练习次数：**8～12次（如感觉练习量不足，可适当增加次数）。

◆ **小工具使用：**

① 毛巾放在下腰部，有助于稳定骨盆，提升脊椎卷动的效果。

② 小球夹在大腿内侧，有助于稳定膝关节，强化大腿内收肌群。

注意事项

① 头垫放下。

② 双腿分开，脚跟与肩同宽。

③ 避免过度伸展脊椎。

④ 尽量在骨盆后倾位完成（臀部后方发力完成，有助于髋部伸展）。

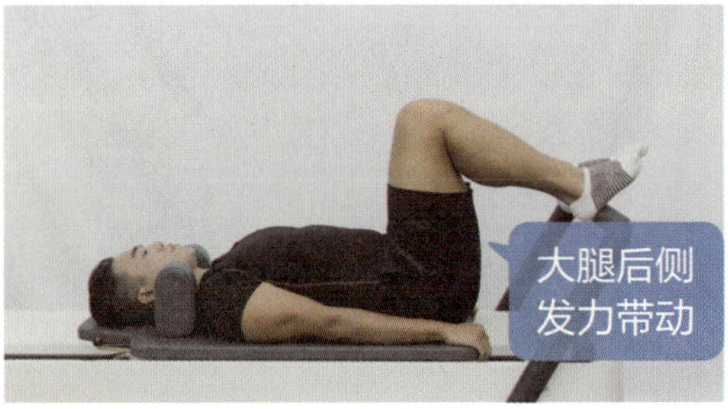

①吸气：准备

②呼气：逐节卷起；吸气：准备

③呼气：蹬腿

④吸气：带动回来

⑤呼气：逐节卷下

（三）开腿练习

（1）平行

弹簧使用：

1红1蓝或以下重量：提高髋关节灵活度，锻炼腹部稳定性。（发力感受：20%~40%）

2红1蓝或以上重量：强化臀腿力量。（发力感受：60%~80%）

- **起始位置：**仰卧，保持中立位，双脚踩在脚杆上，与肩同宽。手臂置于身体两侧，掌心向下（如圆肩驼背可掌心向上）。

- **呼吸方式：**

①吸气：准备。

②呼气：保持骨盆中立位，蹬直双腿。

③吸气：屈膝，回到起始点。

- **建议练习次数：**8~15次（如感觉练习量不足，可适当增加次数）。

- **小工具使用：**

① 毛巾放在下腰部，有助于稳定骨盆。

② 小球夹在大腿内侧，有助于稳定膝关节。

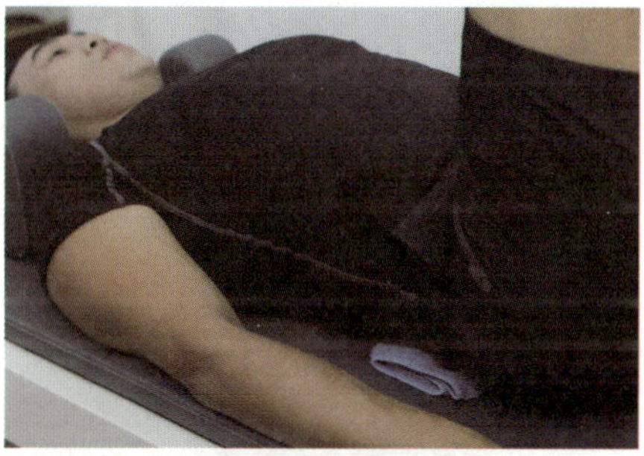
毛巾放在下腰部

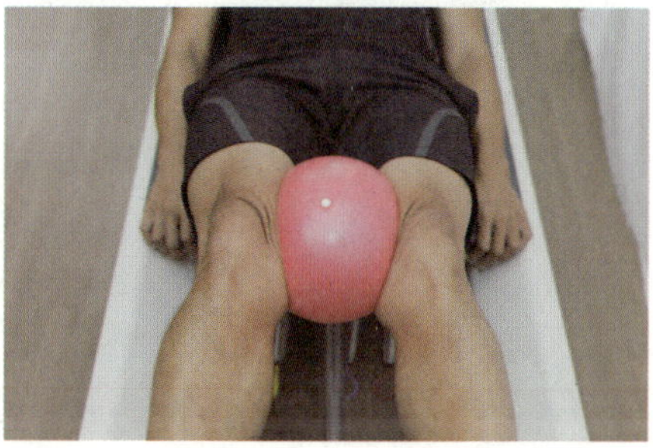
小球夹在大腿内侧

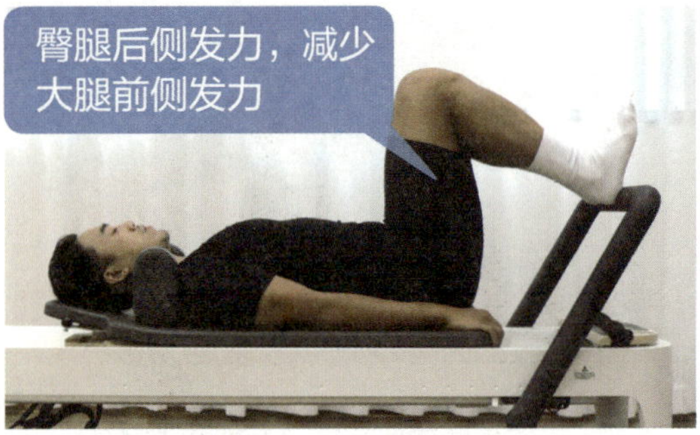

①吸气：准备

②呼气：蹬腿

③吸气：屈膝收回

注意事项

① 保持骨盆稳定，避免腰部发力。

② 保持膝关节稳定，避免左右摆动。

③ 屈膝收回时，慢慢带动滑板返回，同时感受臀腿力量。

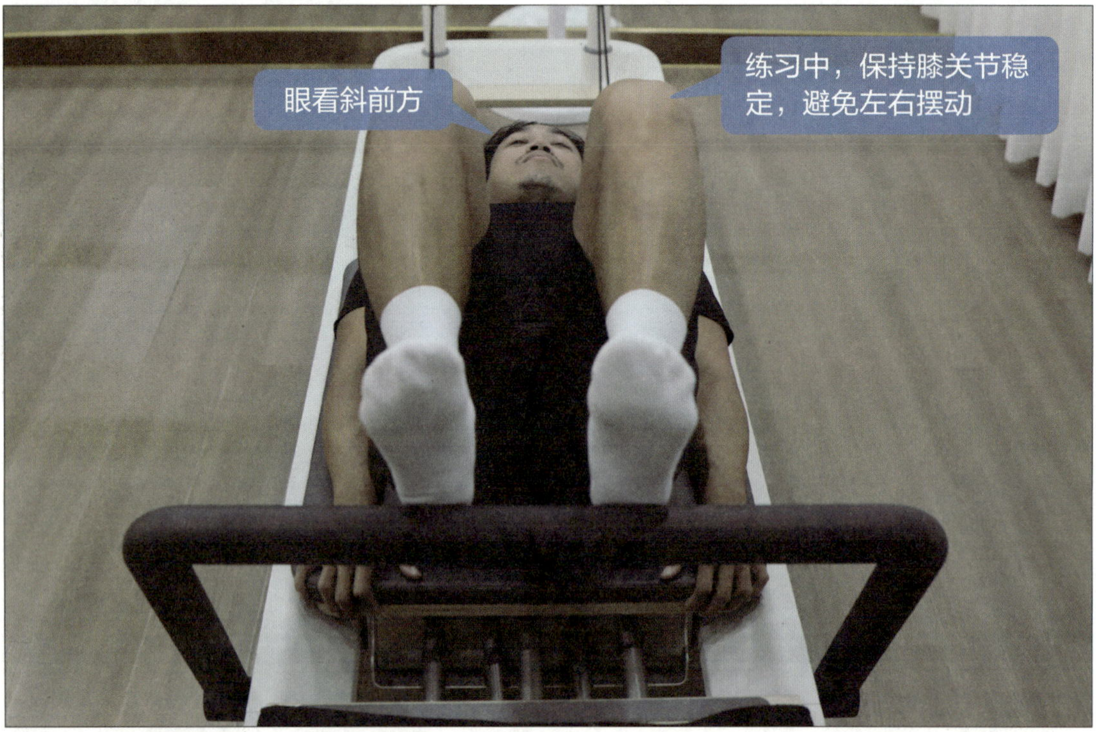

特写

（2）外旋

弹簧使用：

1红1蓝或以下重量：提高髋关节灵活度，锻炼腹部稳定性。（发力感受：20%～40%）

2红1蓝或以上重量：强化臀腿力量。（发力感受：60%～80%）

◆ **起始位置：**仰卧，保持中立位，双脚踩在脚杆两侧呈外旋状，膝盖与脚趾朝向一致。手臂置于身体两侧，掌心向下（如圆肩驼背可掌心向上）。

◆ **呼吸方式：**

①吸气：准备。

②呼气：保持骨盆中立位，外旋双腿蹬直。

③吸气：屈膝保持双脚外旋，回到起始点。

◆ **建议练习次数：**8～15次（如感觉练习量不足，可适当增加次数）。

◆ **小工具使用：**

毛巾放在下腰部，有助于稳定骨盆。

①吸气：准备

注意事项

① 保持骨盆稳定，避免腰部发力。

② 在屈伸膝关节时，脚趾与膝盖方向一致。

③ 臀部内收肌群发力，慢慢带动滑板返回。

②呼气：蹬腿

③吸气：屈膝收回

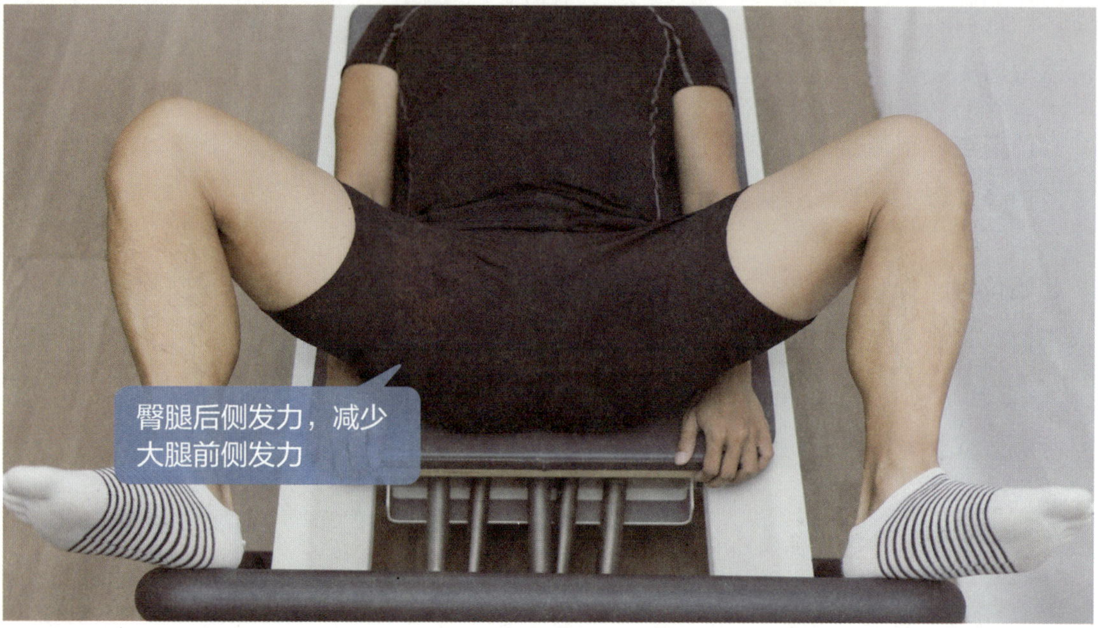

特写

（3）内旋

弹簧使用：

1红1蓝或以下重量：提高髋关节灵活度，锻炼腹部稳定性。（发力感受：20%～40%）

2红1蓝或以上重量：强化臀腿力量。（发力感受：60%～80%）

- **起始位置：**仰卧，保持中立位，双脚脚踝做内旋（呈内八状），双脚分开的距离比骨盆宽2～3厘米，大腿内旋并拢。手臂置于身体两侧，掌心向下（如圆肩驼背可掌心向上）。

- **呼吸方式：**

①吸气：准备。

②呼气：保持骨盆中立位，内旋双腿蹬直。

③吸气：屈膝保持双脚内旋，回到起始点。

- **建议练习次数：**8～15次（如感觉练习量不足，可适当增加次数）。

- **小工具使用：**

毛巾放在下腰部。

①吸气：准备

②呼气：蹬腿

③吸气：屈膝收回

注意事项

① 保持骨盆稳定，避免腰部发力。

② 尽量用臀腿后侧发力，减少大腿前侧发力。

③ 臀部内收肌群发力，慢慢带动滑板返回。

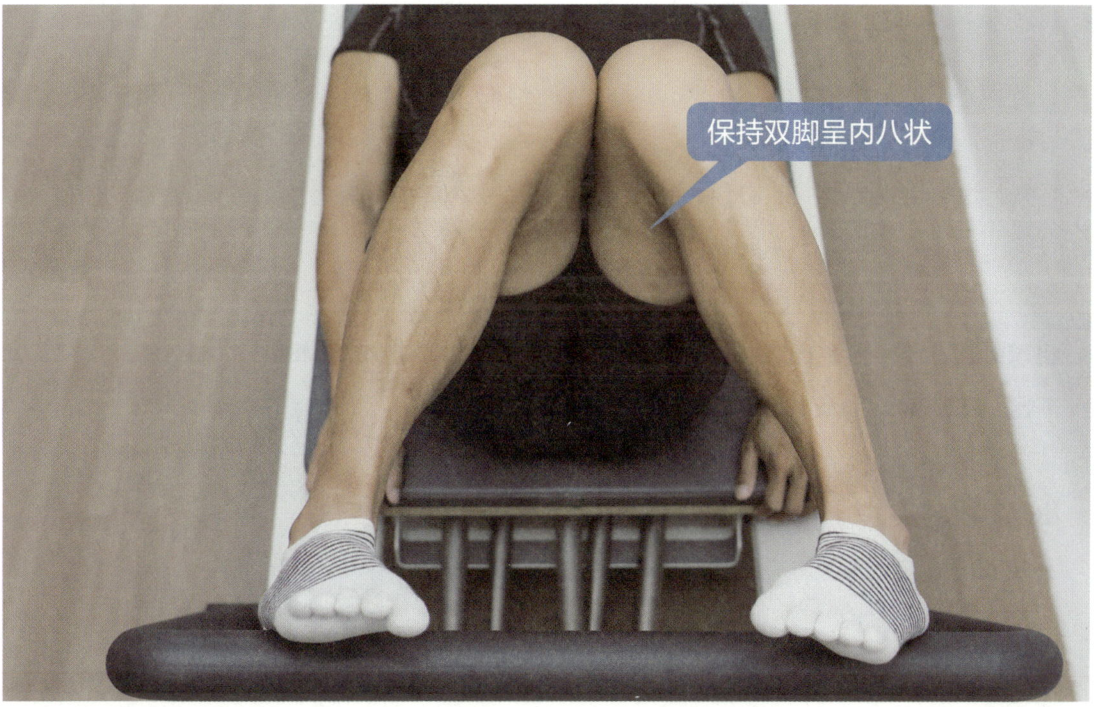

特写

二、臀腿系列

（一）外旋腿屈伸练习

弹簧使用：

1红1蓝或以下重量：提高髋关节灵活度，锻炼腹部稳定性。（发力感受：20%～40%）

2红1蓝或以上重量：强化臀腿力量。（发力感受：60%～80%）

◆ **起始位置：**仰卧，保持中立位，脚跟踩在脚杆上，双腿外旋。手臂置于身体两侧，掌心向下（如圆肩驼背可掌心向上）。

◆ **呼吸方式：**

①吸气：准备。

②呼气：保持骨盆中立位，外旋脚蹬腿向外，然后并拢收紧双腿。

③吸气：屈膝外旋腿，回到起始点。

◆ **建议练习次数：**8～15次（如感觉练习量不足，可适当增加次数）。

◆ **小工具使用：**

毛巾放在下腰部。

◆ **进阶：**大脚趾球（指跖骨，下同）踩在脚杆上。

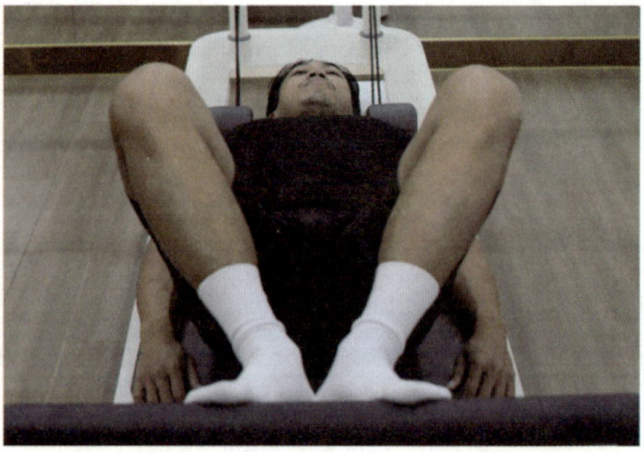
大脚趾球踩在脚杆上

注意事项

① 保持骨盆稳定，避免腰部发力。

② 放松脚趾，尽量用脚跟带动臀部发力。

③ 屈膝收回时，避免膝内扣，慢慢带动滑板返回。

①吸气：准备

②呼气：蹬腿

③吸气：屈膝收回

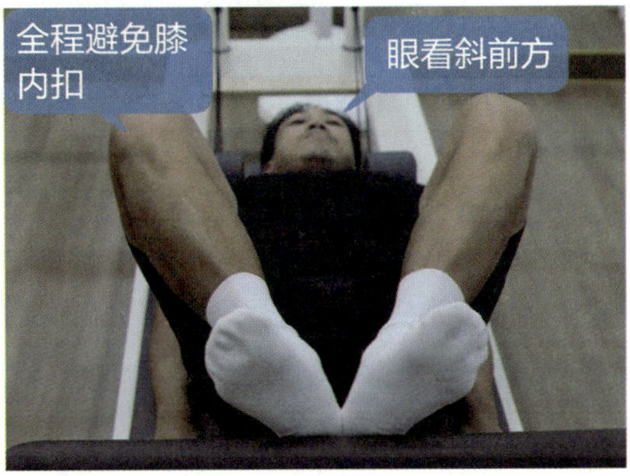

特写

（二）脚跟踩杆

弹簧使用：

1红1蓝或以下重量：**提升髋关节灵活度和核心控制能力。**（发力感受：20%～40%）

2红1蓝或以上重量：**强化臀腿力量。**（发力感受：60%～80%）

- **起始位置：**仰卧，保持中立位，脚跟踩在脚杆上，双腿并拢。手臂置于身体两侧，掌心向下（如圆肩驼背可掌心向上）。

◆ **呼吸方式：**

①吸气：准备。

②呼气：保持骨盆中立位，并拢蹬腿。

③吸气：屈膝，回到起始点。

◆ **建议练习次数：**8～15次（如感觉练习量不足，可适当增加次数）。

①吸气：准备

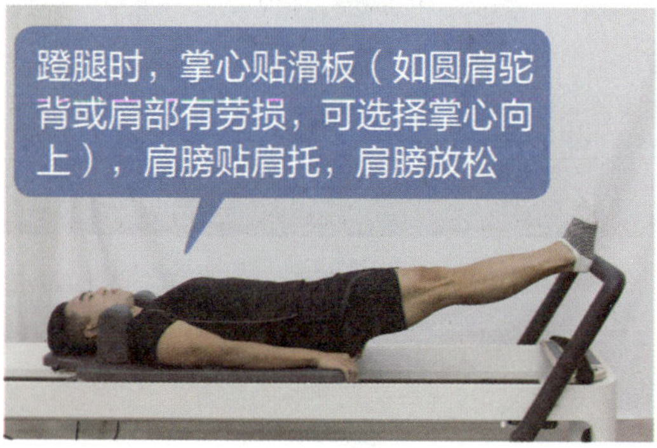

②呼气：蹬腿

③吸气：屈膝收回

◆ **小工具使用：**

① 毛巾放在下腰部，有助于稳定骨盆。

② 按不同腿型在不同位置摆放毛巾，提升训练效果。

注意事项

① 保持骨盆稳定，避免腰部发力。

② 腿型动作要点：

X型腿：将毛巾夹在脚跟内侧，训练中保持双腿并拢。

O型腿：将毛巾放在大腿内侧，强化内收肌群力量。

XO型腿：将毛巾放在大腿内侧、小腿内侧（感受小腿骨微外旋）和脚跟内缘，注意避免小腿过度发力。

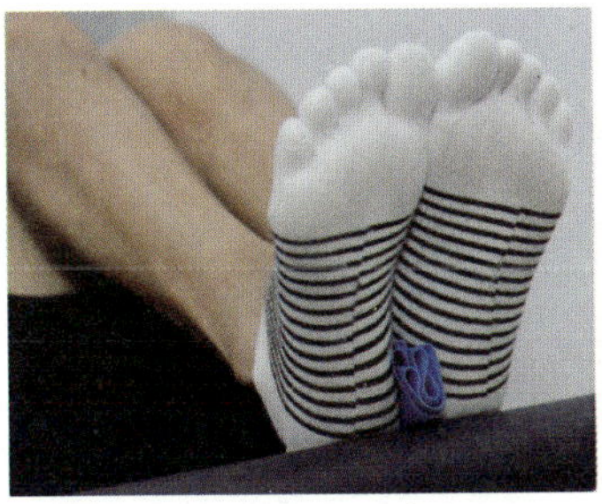
X型腿

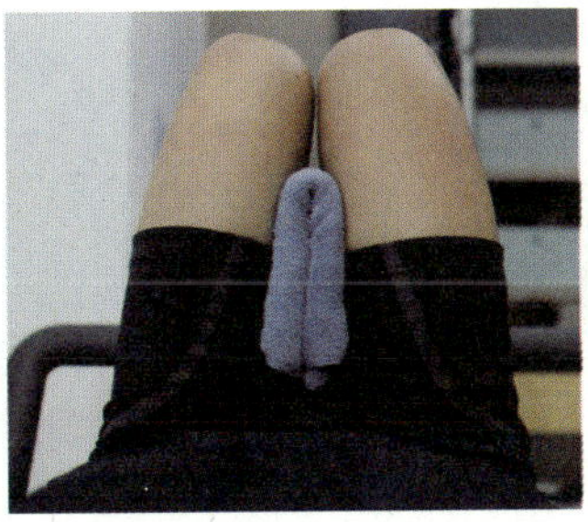
O型腿

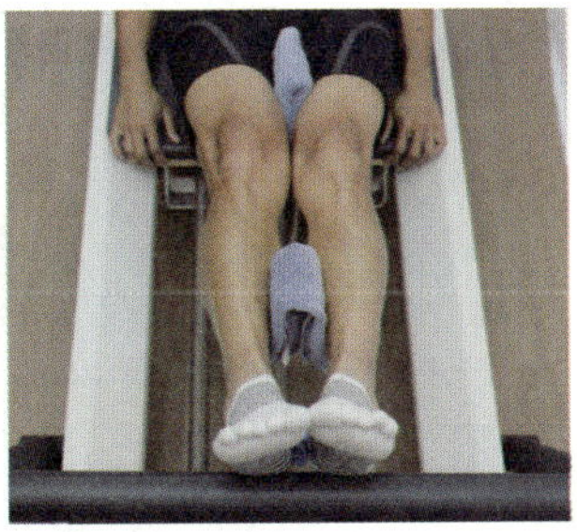
XO型腿

③ 放松脚趾，尽量用脚跟带动臀腿后侧发力。

④ 屈膝收回时，注意保持双膝不分开（如有弹响髋，不建议练习），慢慢带动滑板返回，感受臀腿发力。

（三）脚趾抓杆

弹簧使用：

1红1蓝或以下重量：提高髋关节灵活度，锻炼腹部稳定性。（发力感受：20%～40%）

2红1蓝或以上重量：强化臀腿力量。（发力感受：60%～80%）

- **起始位置：** 仰卧，保持中立位，大脚趾球踩在脚杆上，双腿并拢，脚跟保持稳定。手臂置于身体两侧，掌心向下（如圆肩驼背可掌心向上）。

- **呼吸方式：**

①吸气：准备。

②呼气：保持骨盆中立位，双腿并拢蹬直。

③吸气：屈膝，回到起始点。

◆ **建议练习次数：** 8～15次（如感觉练习量不足，可适当增加次数）。

◆ **小工具使用：**

① 毛巾放在下腰部。

② 按不同腿型在不同位置摆放毛巾，提升训练效果。

①吸气：准备

②呼气：蹬腿

③吸气：屈膝收回

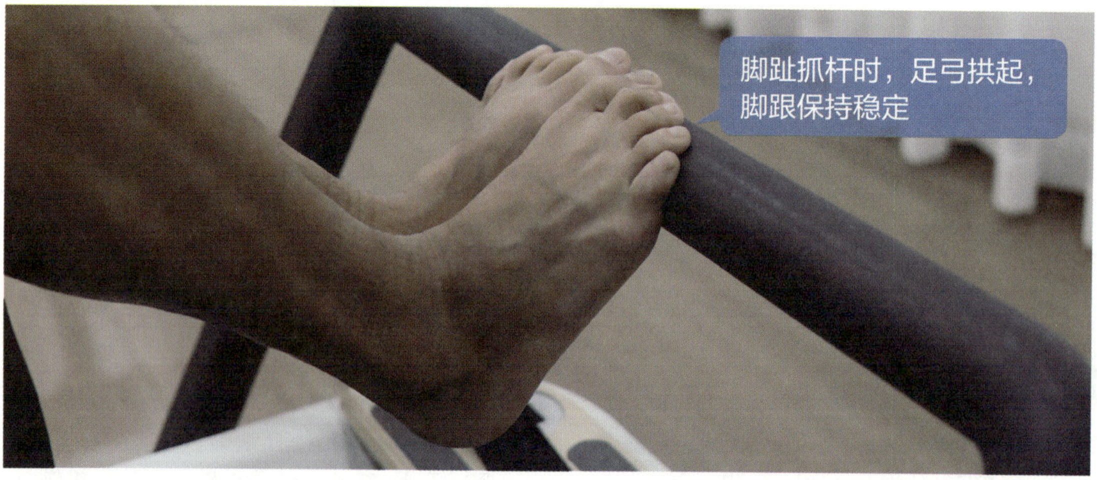

特写

注意事项

① 保持骨盆稳定，避免腰部发力。

② 腿型动作要点：

X型腿：将毛巾夹在脚跟内侧，训练中保持双腿并拢。

O型腿：将毛巾放在大腿内侧，强化内收肌群力量。

XO型腿：将毛巾放在大腿内侧、小腿内侧和脚跟内缘，注意避免小腿过度发力。

③ 脚趾抓杆时，建立足弓，带动臀部发力。

④ 屈膝收回时，注意保持双膝不分开（如有弹响髋，不建议练习），慢慢带动滑板返回，感受臀腿发力。

（四）脚跟提起

弹簧使用：

1红1蓝或以下重量：提高髋关节灵活度，锻炼腹部核心稳定性。（发力感受：20%~40%）

2红1蓝或以上重量：强化臀腿力量。（发力感受：60%~80%）

◆ **起始位置：**仰卧，保持中立位，大脚趾球踩在脚杆上，双腿并拢，绷脚。手臂置于身体两侧，掌心向下（如圆肩驼背可掌心向上）。

◆ **呼吸方式：**

①吸气：准备。

②呼气：保持骨盆中立位，全程绷脚，蹬直双腿。

③吸气：屈膝，回到起始点。

◆ **建议练习次数：**8~15次（如感觉练习量不足，可适当增加次数）。

◆ **小工具使用：**

① 毛巾放在下腰部。

② 按不同腿型在不同位置摆放毛巾，提升训练效果。

①吸气：准备

②呼气：蹬腿

③吸气：屈膝收回

注意事项

① 保持骨盆稳定，避免腰部发力。

② 腿型动作要点：

X型腿：将毛巾夹在脚跟内侧，训练中保持双腿并拢。

O型腿：将毛巾放在大腿内侧，强化内收肌群力量。

XO型腿：将毛巾放在大腿内侧、小腿内侧和脚跟内缘，避免小腿过度发力。

③ 大脚趾球踩在脚杆上，尽量用脚跟带动臀部发力。

④ 屈膝收回时，注意保持双膝不分开（如有弹响髋，不建议练习），慢慢带动滑板返回，感受臀腿发力。

（五）脚踝屈伸

弹簧使用：

2红1蓝或以下重量：拉伸小腿，训练脚踝灵活性，锻炼腹部稳定性。（发力感受：20%~40%）

2红1蓝或以上重量：强化臀腿力量。（发力感受：60%~80%）

◆ **起始位置：**仰卧，保持中立位，大脚趾球踩在脚杆上，双腿并拢，绷脚。手臂置于身体两侧，掌心向下（如圆肩驼背可掌心向上）。

◆ **呼吸方式：**

①呼气：准备。

②吸气：绷脚，蹬腿伸直。

③呼气：保持骨盆中立位，脚踝屈曲/伸展，拉伸小腿。

④吸气：绷脚，脚尖踮起。

⑤呼气：屈膝，回到起始点。

◆ **建议练习次数：** 8～15次（如感觉练习量不足，可适当增加次数）。

◆ **小工具使用：**

① 毛巾放在下腰部。

② 按不同腿型在不同位置摆放毛巾，提升训练效果。

注意事项

① 保持骨盆稳定，避免腰部发力。

② 腿型动作要点：

X型腿：将毛巾夹在脚跟内侧，训练中保持双腿并拢。

O型腿：将毛巾放在大腿内侧，强化内收肌群力量。

XO型腿：将毛巾放在大腿内侧、小腿内侧和脚跟内缘，注意避免小腿过度发力。

③ 大脚趾球踩在脚杆上，尽量拉伸小腿。

④ 屈膝收回时，注意保持双膝不分开（如有弹响髋，不建议练习），慢慢带动滑板返回，感受臀腿发力。

①呼气：准备

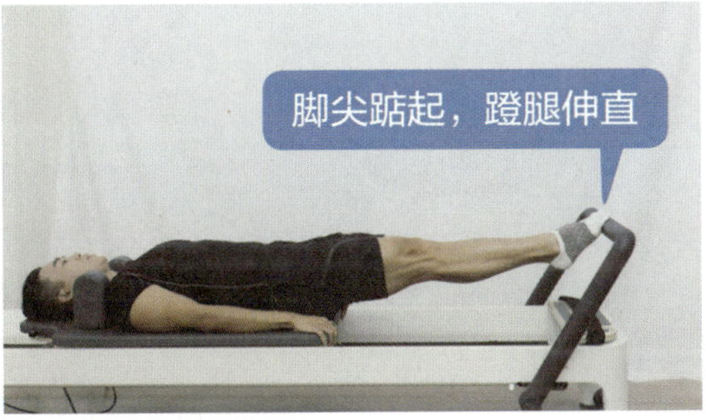

②吸气：蹬腿

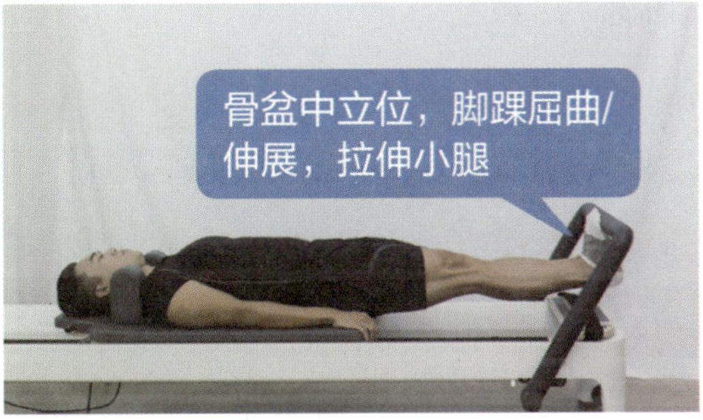

③呼气：勾脚

④吸气：绷脚

⑤呼气：屈膝收回

3 三、跑步练习

弹簧使用：

2红1蓝或以下重量：拉伸小腿，训练脚踝灵活度，锻炼腹部核心稳定性。（发力感受：20%～40%）

2红1蓝或以上重量：强化臀腿力量。（发力感受：60%～80%）

◆ **起始位置：** 仰卧，保持中立位，大脚趾球踩在脚杆上，双腿并拢，屈膝屈髋呈90度。手臂置于身体两侧，掌心向下（如圆肩驼背可掌心向上）。

◆ **呼吸方式：**

①呼气：准备。

②吸气：绷腿伸直。

③④呼气：保持骨盆中立位，伸展腿做脚踝屈曲，拉伸小腿，屈膝腿做脚踝伸展，强化小腿力量；双腿互相交替动作。

⑤吸气：绷脚且双腿并拢。

⑥呼气：屈膝，回到起始点。

◆ **建议练习次数：** 15～30次（如感觉练习量不足，可适当增加次数）。

◆ **小工具使用：**

毛巾放在下腰部。

注意事项

① 保持骨盆稳定，避免腰部发力。

② 大脚趾球踩在脚杆上，尽量拉伸，强化小腿力量。

③ 屈膝收回时，注意保持双膝不分开（如有弹响髋，不建议练习），慢慢带动滑板返回，感受臀腿发力。

①呼气：准备

②吸气：绷腿伸直

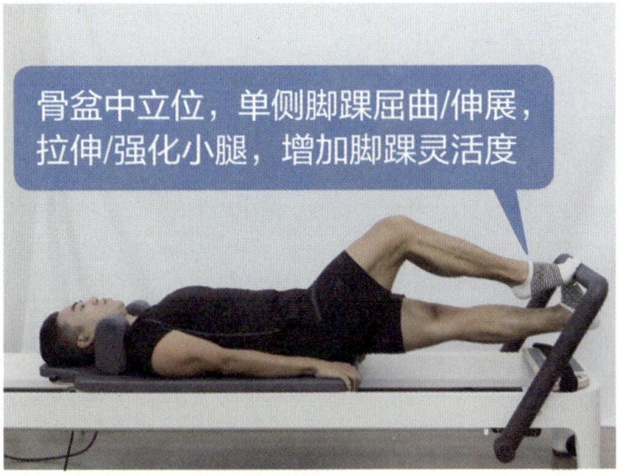

③呼气：单腿交换屈伸练习

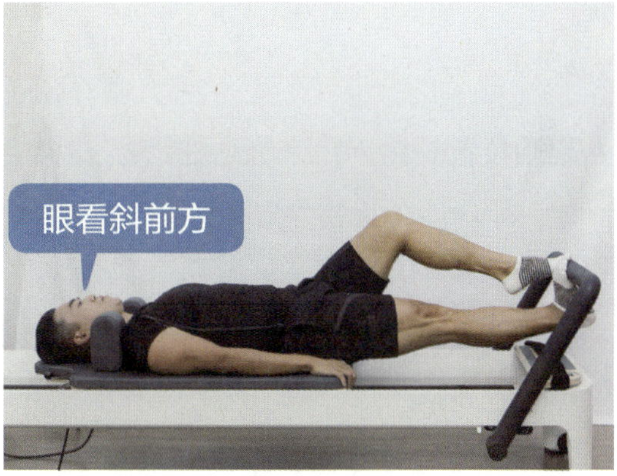

④呼气：单腿交换屈伸练习（注意眼神）

⑤吸气：绷脚且双腿并拢

⑥呼气：屈膝收回

4 四、半圆（中级）

弹簧使用：

1红1蓝或1红1白（从适合自己的重量开始）：提高脊椎与髋关节灵活性。（发力感受：20%~60%）

◆ **起始位置：**肩胛骨下缘贴住滑板，双手贴住肩托。大脚趾球踩在脚杆上，双腿分开，双脚平行。伸展髋关节，抬起骨盆，膝盖、髋关节与胸椎连成一条直线。

◆ **呼吸方式：**

①吸气：准备。

②呼气：双手贴住肩托，髋部伸展保持骨盆微后倾，大脚趾球踩在脚杆上，大腿后侧推动滑板。

③吸气：髋部伸展至最大幅度时，从上胸椎伸展至骨盆，直到臀部贴住弹簧。

④呼气：绷脚，保持脊椎伸展；

吸气：准备。

⑤呼气：以骨盆带动，从上胸椎到尾骨逐节向上卷动，稳定滑板，回到起始位置。

反方向重复一次。

◆ **建议练习次数：**5~8次（如感觉练习量不足，可适当增加次数）。

◆ **小工具使用：**

毛巾放在下腰部。

注意事项

① 保持骨盆微后倾，避免腰部发力。

② 大脚趾球踩在脚杆上，绷脚，强化小腿力量。

①吸气：准备

②呼气：蹬腿

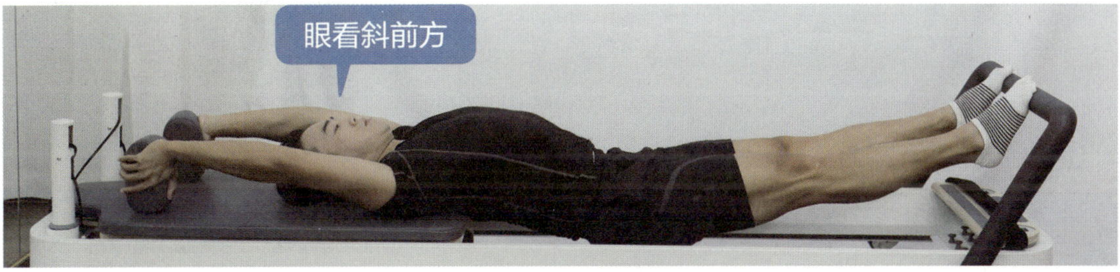

③吸气：脊椎逐节卷下

④呼气：屈膝；吸气：准备

⑤呼气：卷起

5 五、单腿协调练习

（一）屈伸练习

弹簧使用：

1红1蓝或以下重量：提高髋关节灵活度，锻炼腹部稳定性。（发力感受：20%~40%）

2红1蓝或以上重量：强化单侧臀腿力量，稳定骨盆。（发力感受：60%~80%）

◆ **起始位置：**仰卧，保持中立位，稳定腿的脚跟踩在脚杆上，移动腿抬起，屈膝屈髋呈90度。手臂置于身体两侧。

◆ **呼吸方式：**

①吸气：准备。

②呼气：保持骨盆中立位，单腿蹬直。

③吸气：屈膝，回到起始点。

◆ **建议练习次数：**8~15次（如感觉练习量不足，可适当增加次数）。

◆ **小工具使用：**

毛巾放在下腰部。

◆ **动作调整：**如圆肩驼背，掌心向上（即肱骨外旋位）。

◆ **进阶：**大脚趾球踩在脚杆上，脚踝尽量保持稳定（增强下肢与单侧臀腿力量）。

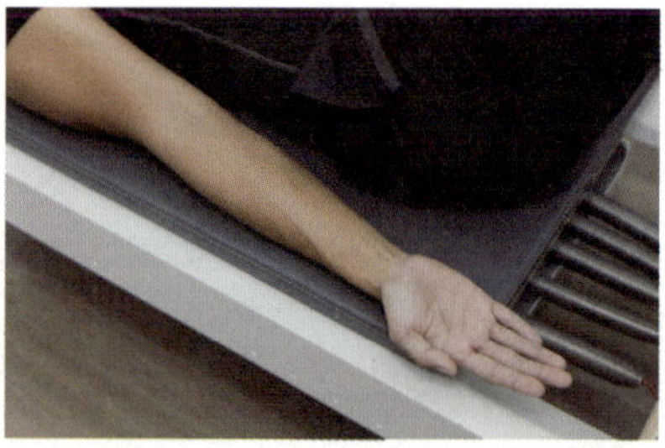

圆肩驼背，掌心向上

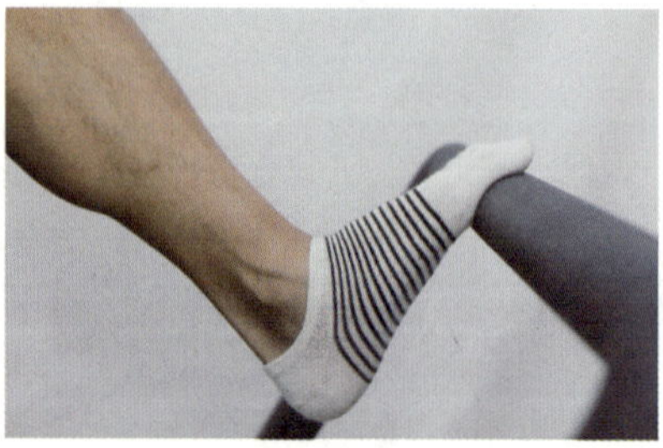

大脚趾球踩在脚杆上

①吸气：准备

注意事项

① 保持骨盆稳定，避免腰部发力。

② 稳定腿后侧发力，减少大腿前侧发力。

③ 臀部与内收肌群应感受到力量，慢慢带动滑板返回。

②呼气：蹬腿

③吸气：屈膝收回

（二）协调练习

弹簧使用：

1红1蓝或以下重量：提高髋关节灵活度，增强核心力量。（发力感受：20%～40%）

2红1蓝或以上重量：强化单侧臀腿力量，稳定骨盆。（发力感受：60%～80%）

◆ **起始位置：**仰卧，保持中立位，稳定腿的脚跟踩在脚杆上，屈膝屈髋呈90度，移动腿抬起伸直，绷脚。手臂置于身体两侧。

◆ **呼吸方式：**

①吸气：保持骨盆中立位，稳定腿屈膝屈髋呈90度，移动腿呈45度伸直。

②呼气：稳定腿伸展，同时移动腿屈膝屈髋呈90度。

③吸气：稳定腿屈膝屈髋回到起始位，同时伸展移动腿。

呼吸交替配合持续至动作完成。

◆ **建议练习次数：** 8～15次（如感觉练习量不足，可适当增加次数）。

◆ **小工具使用：**

毛巾放在下腰部。

◆ **动作调整：** 如圆肩驼背，掌心向上（即肱骨外旋位）。

◆ **进阶：** 大脚趾球踩在脚杆上，脚踝尽量保持稳定。

注意事项

① 保持骨盆稳定，避免腰部发力。

② 单侧臀腿后侧发力，减少大腿前侧发力。

③ 臀部与内收肌群应感受到力量，慢慢带动滑板返回。

①吸气：准备

②呼气：蹬腿

③吸气：屈膝收回

（三）单腿练习

弹簧使用：

1红1蓝或以下重量：提高髋关节灵活度，增强核心力量。（发力感受：20%～40%）

2红1蓝或以上重量：强化单侧臀腿力量，稳定骨盆。（发力感受：60%～80%）

- **起始位置：**仰卧，保持中立位，稳定腿的脚跟踩在脚杆上，屈膝屈髋呈90度，移动腿抬起伸直，勾脚。手臂置于身体两侧。

- **呼吸方式：**

①吸气：保持骨盆中立位，稳定腿屈膝屈髋呈90度，移动腿呈45度伸直。

②呼气：稳定腿伸直，同时移动腿保持稳定。

③吸气：稳定腿屈膝屈髋，回到起始位。

呼吸交替配合持续至动作完成。

- **建议练习次数：**8～15次（如感觉练习量不足，可适当增加次数）。

- **小工具使用：**

毛巾放在下腰部。

- **动作调整：**如圆肩驼背，掌心向上（即肱骨外旋位）。

- **进阶：**大脚趾球踩在脚杆上，脚踝尽量保持稳定（增强下肢与单侧臀腿力量）。

注意事项

① 保持骨盆稳定，避免腰部发力。

② 单侧臀腿后侧发力，减少大腿前侧发力。

③ 臀部与内收肌群应感受到力量，慢慢带动滑板返回。

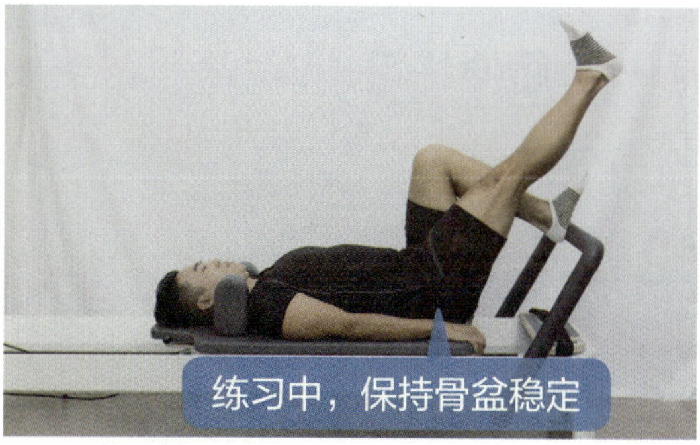

①吸气：准备

②呼气：蹬腿

③吸气：屈膝收回

六、脚绳系列

（一）屈伸练习

（1）平行

弹簧使用：

1红1黄或以下重量：提高髋关节灵活度，加强核心训练。（发力感受：20%～40%）

1红1蓝或以上重量：强化臀腿力量。（发力感受：60%～80%）

◆ **起始位置：**仰卧，保持中立位，将脚绳套至靠近脚跟的位置。双腿并拢，屈膝屈髋呈90度，绷起双脚（如小腿紧可以勾脚完成训练）。手臂置于身体两侧。

◆ **呼吸方式：**

①吸气：准备。

②呼气：保持骨盆中立位，双腿并拢，蹬直双腿，同时绷脚。

③吸气：屈膝勾脚，回到起始点。

◆ **建议练习次数：**8～15次（如感觉练习量不足，可适当增加次数）。

◆ **小工具使用：**

① 毛巾放在下腰部。

② 按不同腿型在不同位置摆放毛巾，提升训练效果。

◆ **动作调整：**如圆肩驼背，掌心向上（即肱骨外旋位）。

◆ **进阶：**绷脚完成动作（活动脚踝，调整下肢排列）。

绷脚

①吸气：准备

②呼气：蹬腿

③吸气：屈膝收回

注意事项

①保持骨盆稳定，避免腰部发力。

②腿型动作要点：

X型腿：将毛巾夹在脚跟内侧，训练中保持双腿并拢。

O型腿：将毛巾放在大腿内侧，强化内收肌群力量。

XO型腿：将毛巾放在大腿内侧、小腿内侧和脚跟内缘，注意避免小腿过度发力。

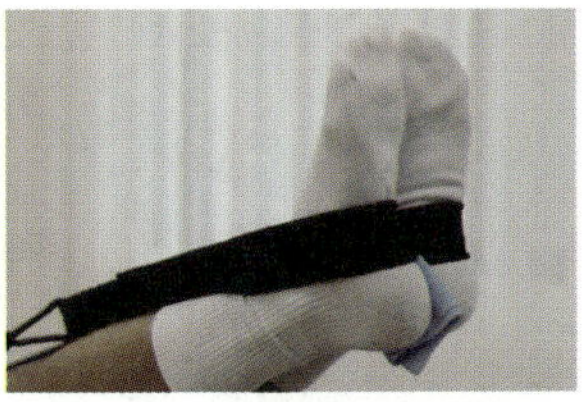

X型腿

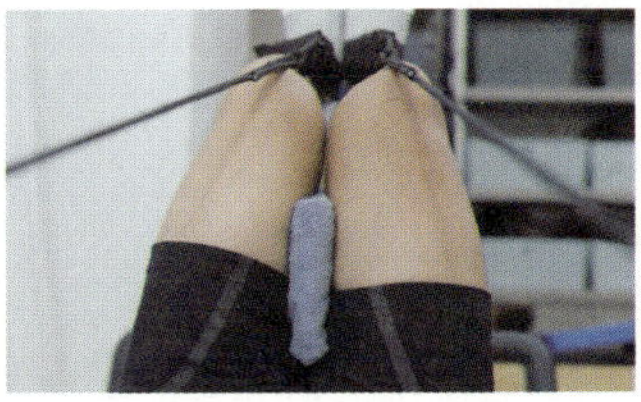

O型腿

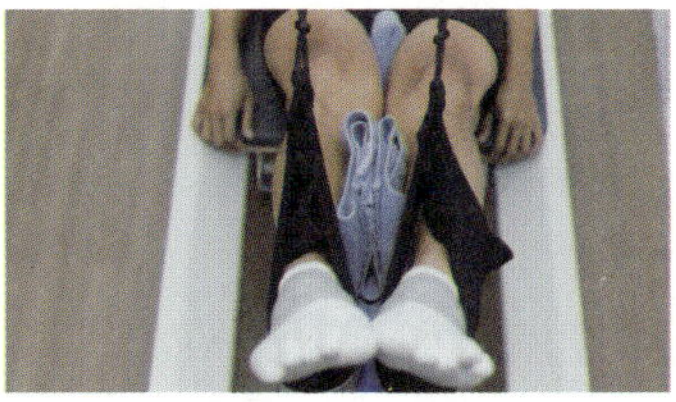

XO型腿

③尽量通过臀部发力。

④伸展/屈曲膝关节时，注意保持双膝不分开（如有弹响髋，不建议练习），慢慢带动滑板返回，感受臀腿发力。

（2）外旋

弹簧使用：

1红1黄或以下重量：提高髋关节灵活度，加强核心训练。（发力感受：20%～40%）

1红1蓝或以上重量：强化臀腿力量。（发力感受：60%～80%）

- **起始位置：** 仰卧，保持中立位，将脚绳套至靠近脚跟位置，双腿外旋，在屈膝位保持呈90度，膝盖与肩同宽，绷起双脚（如小腿紧可以勾脚完成训练）。手臂置于身体两侧。

①吸气：准备

- **呼吸方式：**

①吸气：准备。

②呼气：保持骨盆中立位，双腿外旋蹬直。

③吸气：屈膝，保持外旋脚，回到起始点。

②呼气：蹬腿

- **建议练习次数：** 8～15次（如感觉练习量不足，可适当增加次数）。

- **小工具使用：**

毛巾放在下腰部。

③吸气：屈膝收回

- **动作调整：** 如圆肩驼背，掌心向上（即肱骨外旋位）。

- **进阶：** 绷脚完成动作（活动脚踝，调整下肢排列）。

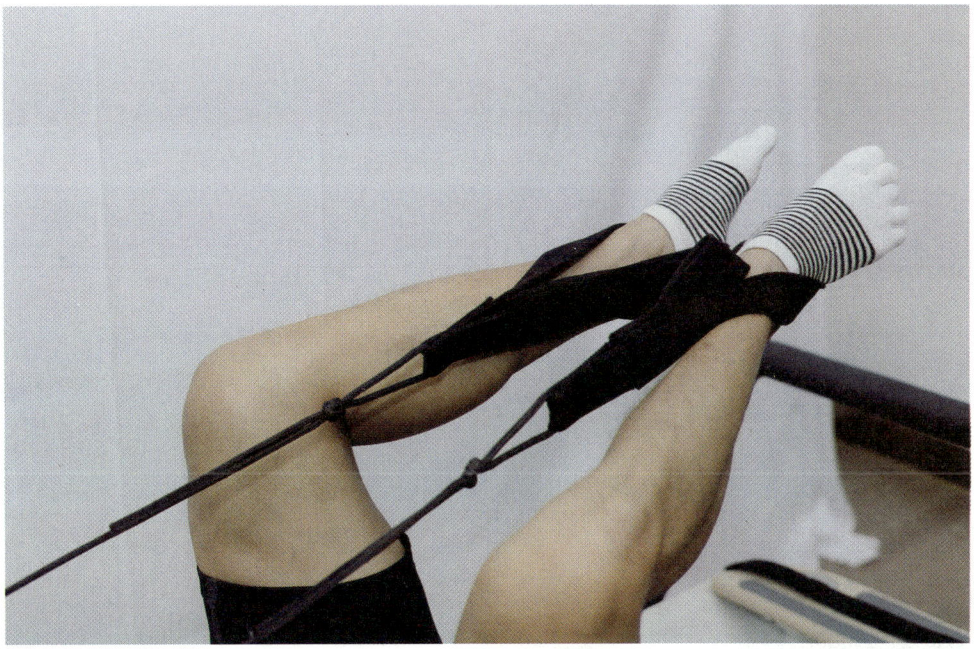

特写

注意事项

① 保持骨盆稳定，避免腰部发力。

② 伸展/屈曲膝关节时，脚趾与膝盖方向保持一致。

③ 臀部与内收肌群应感受到力量，慢慢带动滑板返回。

（3）内旋

弹簧使用：

1红1黄或以下重量：提高髋关节灵活度，加强核心训练。（发力感受：20%～40%）

1红1蓝或以上重量：强化臀腿力量。（发力感受：60%～80%）

◆ **起始位置：**仰卧，保持中立位，将脚绳套至靠近脚跟位置，双腿内旋，在屈膝位保持内八脚，膝盖并拢，脚跟分开大脚趾贴在一起。手臂置于身体两侧。

①吸气：准备

②呼气：蹬腿

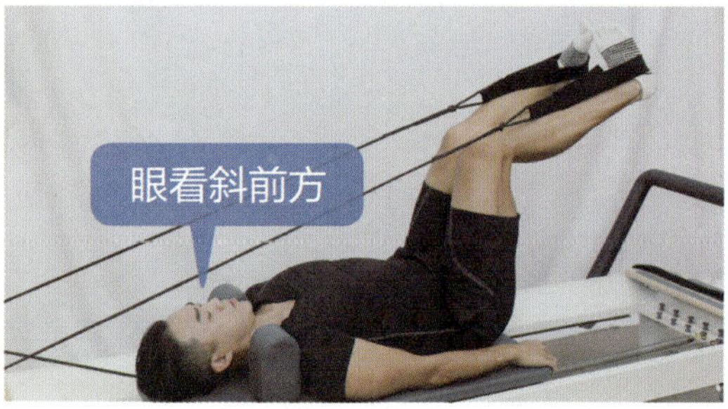

③吸气：屈膝收回

◆ **呼吸方式：**

①吸气：准备。

②呼气：保持骨盆中立位，内旋双腿蹬直。

③吸气：屈膝，保持大腿内旋且并拢膝盖，返回起始点。

◆ **建议练习次数：**8～15次（如感觉练习量不足，可适当增加次数）。

◆ **小工具使用：**

毛巾放在下腰部。

◆ **动作调整**：如圆肩驼背，掌心向上（即肱骨外旋位）。

◆ **进阶：**绷脚完成动作（活动脚踝，调整下肢排列）。

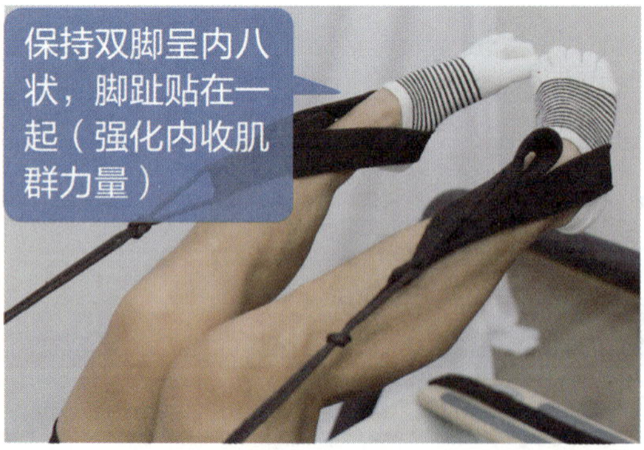

特写

注意事项

① 保持骨盆稳定，避免腰部发力。

② 臀腿后侧发力，减少大腿前侧发力。

③ 臀部与内收肌群应感受到力量，慢慢带动滑板返回。

（二）上抬与下放

（1）平行

弹簧使用：

1红1黄或以下重量：提高髋关节灵活度，加强核心训练。（发力感受：20%~40%）

1红1蓝或以上重量：强化臀腿力量。（发力感受：60%~80%）

◆ **起始位置：**仰卧，保持中立位，将脚绳套至靠近脚跟位置，双腿伸直并拢，绷脚，双腿抬起，保持与地面呈45度角。手臂置于身体两侧。

◆ **呼吸方式：**

①呼气：准备。

②吸气：保持骨盆中立位，双腿并拢，绷脚上抬。

③呼气：双腿下放，骨盆稳定。

④吸气：回到起始点。

◆ **建议练习次数：**8~15次（如感觉练习量不足，可适当增加次数）。

◆ **小工具使用：**

① 毛巾放在下腰部，有助于稳定骨盆。

② 按不同腿型在不同位置摆放毛巾，提升训练效果。

◆ **动作调整：**如圆肩驼背，掌心向上（即肱骨外旋位）。

①呼气：准备

②吸气：抬起

③呼气：下放

④吸气：回到起始点

注意事项

① 保持骨盆稳定，避免腰部发力。

② 腿型动作要点：

X型腿：将毛巾夹在脚跟内侧，训练中保持双腿并拢。

O型腿：将毛巾放在大腿内侧，强化内收肌群力量。

XO型腿：将毛巾放在大腿内侧、小腿内侧和脚跟内缘，注意避免小腿过度发力。

③ 尽量用臀部发力。

④ 注意保持双膝不分开（如有弹响髋，不建议练习），慢慢带动滑板返回，感受臀腿力量。

（2）外旋

弹簧使用：

1红1黄或以下重量：提高髋关节灵活度，加强核心训练。（发力感受：20%～40%）

1红1蓝或以上重量：强化臀腿力量。（发力感受：60%～80%）

◆ **起始位置：**仰卧，保持中立位，将脚绳套至靠近脚跟位置，双腿伸直并拢外旋，双腿抬起，保持与地面呈45度角。手臂置于身体两侧。

◆ **呼吸方式：**

①呼气：准备。

②吸气：保持骨盆中立位，双腿外旋并拢，绷脚上抬。

③呼气：双腿下放，骨盆稳定。

④吸气：回到起始点。

◆ **建议练习次数：**8～15次（如感觉练习量不足，可适当增加次数）。

◆ **小工具使用：**

① 毛巾放在下腰部，有助于稳定骨盆。

② 按不同腿型在不同位置摆放毛巾，提升训练效果。

◆ **动作调整：**如圆肩驼背，掌心向上（即肱骨外旋位）。

①呼气：准备

②吸气：抬起

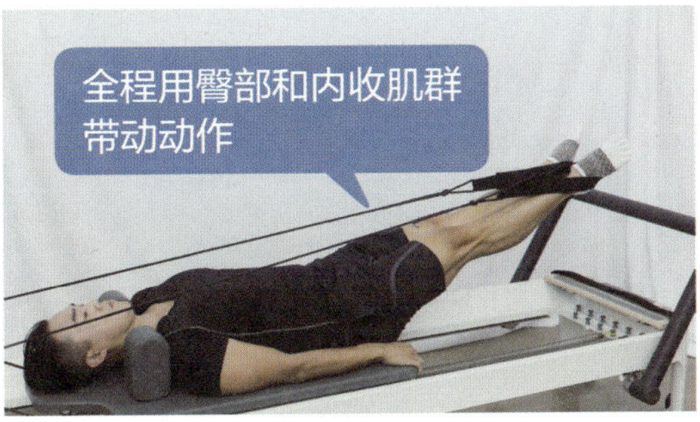

③呼气：下放

④吸气：回到起始点

注意事项

① 保持骨盆稳定，避免腰部发力。

② 腿型动作要点：

X型腿：将毛巾夹在脚跟内侧，训练中保持双腿并拢。

O型腿：将毛巾放在大腿内侧，强化内收肌群力量。

XO型腿：将毛巾放在大腿内侧、小腿内侧和脚跟内缘，注意避免小腿过度发力。

③ 尽量用臀部发力。

④ 注意保持双膝不分开（如有弹响髋，不建议练习），慢慢带动滑板返回，感受臀腿力量。

（三）外展内收练习

弹簧使用：

1红1黄或以下重量：提高髋关节灵活度，加强核心训练。（发力感受：20%～40%）

1红1蓝或以上重量：强化臀腿力量。（发力感受：60%～80%）

◆ **起始位置：**仰卧，保持中立位，将脚绳套至靠近脚跟位置，双腿伸直并拢，绷脚，双腿抬起，保持与地面呈45度角。手臂置于身体两侧。

◆ **呼吸方式：**

①吸气：准备。

②呼气：保持骨盆中立位，双腿并拢上抬。

③吸气：滑板不动，双腿外展。

④呼气：双腿并拢。

⑤吸气：回到起始点。

◆ **建议练习次数：**8～15次（如感觉练习量不足，可适当增加次数）。

◆ **小工具使用：**

毛巾放在下腰部。

◆ **动作调整：**如圆肩驼背，掌心向上（即肱骨外旋位）。

①吸气：准备

②呼气：抬起

③吸气：打开

注意事项

① 保持骨盆稳定，髋关节活动。

② 在开腿与并腿中，感受臀腿力量。

④呼气：并腿

⑤吸气：下放回到起始点

（四）髋关节灵活度练习

弹簧使用：

1红1黄或以下重量：提高髋关节灵活度，加强核心训练。（发力感受：20%~40%）

1红1蓝或以上重量：强化臀腿力量。（发力感受：60%~80%）

- **起始位置：**仰卧，保持中立位，将脚绳套至靠近脚跟位置，双腿伸直并拢外旋，绷脚，双腿抬起，保持与地面呈45度角。手臂放在身体两侧。

◆ **呼吸方式：**

①吸气：准备。

②呼气：保持骨盆中立位，双脚上抬，拉伸大腿后侧。

③吸气：滑板不动，双腿外旋勾脚打开。

④呼气：绷脚蹬腿，回到起始点。

◆ **建议练习次数：** 8~15次（如感觉练习量不足，可适当增加次数）。

◆ **小工具使用：**

毛巾放在下腰部。

注意事项

① 保持骨盆稳定，髋关节活动。

② 在开腿与并腿中，感受臀腿力量。

◆ **动作调整：** 如圆肩驼背，掌心向上。

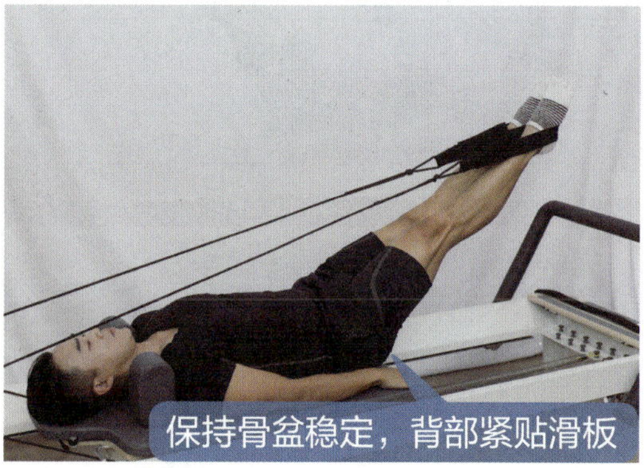

①吸气：准备

②呼气：上抬

③吸气：屈膝外旋

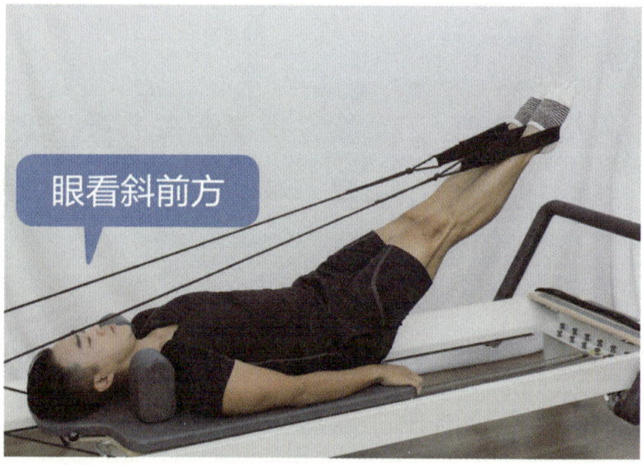

④呼气：蹬腿并拢

（五）反向卷腹（中级）

弹簧使用：

1红1黄或以下重量：提高髋关节灵活度，加强核心训练。（发力感受：20%～40%）

1红1蓝或以上重量：强化臀腿与核心力量。（发力感受：60%～80%）

◆ **起始位置：**仰卧，保持中立位，将脚绳套至靠近脚跟位置，双腿伸直并拢外旋，绷脚，双腿抬起，保持与地面呈45度角。手臂置于身体两侧。

◆ **呼吸方式：**

①呼气：准备。

②吸气：保持骨盆中立位，双脚并拢上抬，拉伸大腿后侧。

③呼气：骨盆后倾，逐节向上和向后斜方卷动脊椎，到上胸椎段载重。

④吸气：滑板回到起始点不动。

⑤呼气：双腿屈膝，外旋绷脚打开。

⑥吸气：从上胸椎段开始，脊椎逐节慢慢下落到骨盆中立位。

⑦呼气：绷脚蹬腿，回到起始点。

◆ **建议练习次数：**8～12次（如感觉练习量不足，可适当增加次数）。

◆ **小工具使用：**

毛巾放在下腰部。

◆ **动作调整：**如圆肩驼背，掌心向上。

◆ **进阶：**从“②吸气”开始，进行直腿控制，逐节卷动到起始位（挑战身体控制能力）。

注意事项

① 有腰椎问题的人群不建议练习该动作。

② 头垫要放下（特殊人群除外）。

③ 在完整的全身训练中，应尽量放松肩膀。

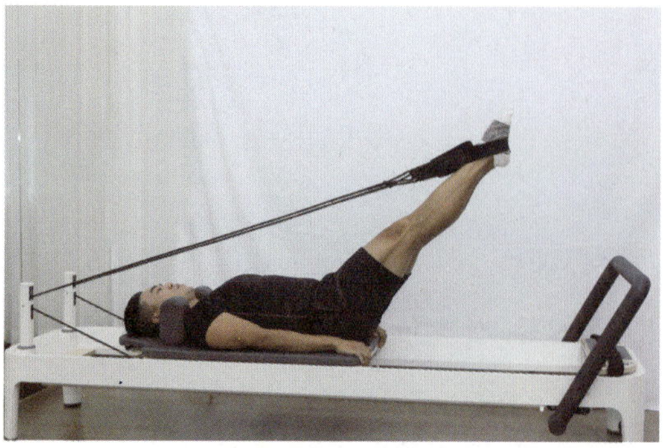

①呼气：准备

②吸气：并拢上抬

③呼气：逐节卷起

④吸气：上胸椎载重

⑤呼气：屈膝外旋腿

⑥吸气：脊椎逐节卷下

⑦呼气：蹬腿回到起始点

（六）双腿划圈

（1）平行

弹簧使用：

1红1黄或以下重量：提高髋关节灵活度，加强核心训练。（发力感受：20%～40%）

1红1蓝或以上重量：强化臀腿力量。（发力感受：60%～80%）

◆ **起始位置：**仰卧，保持中立位，将脚绳套至靠近脚跟位置，双腿伸直并拢，绷脚，双腿抬起，保持与地面呈45度角。手臂置于身体两侧。

◆ **呼吸方式：**

①吸气：准备。

②呼气：保持骨盆中立位，双脚并拢上抬，拉伸大腿后侧。

③吸气：滑板不动，双腿外展打开。

④呼气：骨盆稳定，双腿拉动脚绳落下。

⑤吸气：双腿并拢；

呼气：回到起始点。

反方向重复一次。

①吸气：准备

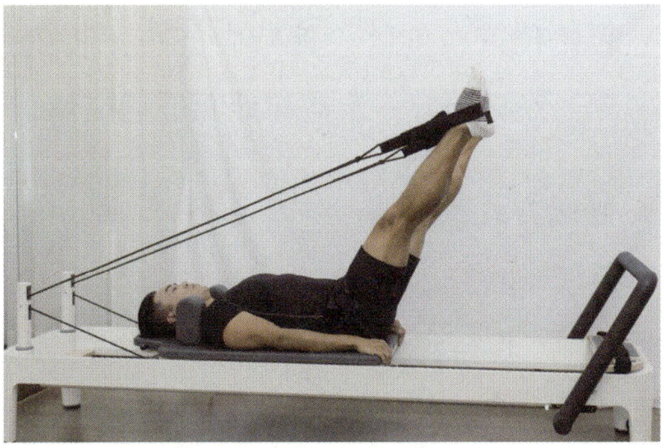

②呼气：上抬

◆ **建议练习次数：**8～15次（如感觉练习量不足，可适当增加次数）。

◆ **小工具使用：**

毛巾放在下腰部。

◆ **动作调整：**如圆肩驼背，掌心向上。

③吸气：打开

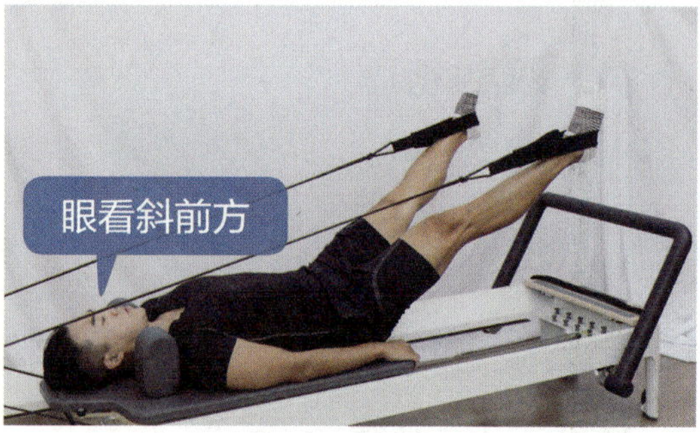

④呼气：下放

⑤吸气：并拢；呼气：回到起始点

注意事项

① 保持骨盆稳定，感觉髋关节的活动，避免髋关节出现弹响。

② 在开腿与并腿中，感受臀腿力量。

（2）外旋

弹簧使用：

1红1黄或以下重量：提高髋关节灵活度，加强核心训练。（发力感受：20%~40%）

1红1蓝或以上重量：强化臀腿力量。（发力感受：60%~80%）

◆ **起始位置：** 仰卧，保持中立位，将脚绳套至靠近脚跟位置，双腿伸直并拢外旋，绷脚，双腿抬起，保持与地面呈45度角。手臂置于身体两侧。

◆ **呼吸方式：**

①吸气：准备。

②呼气：保持骨盆中立位，双脚并拢外旋上抬，拉伸大腿后侧。

③吸气：双腿外旋打开。

④呼气：骨盆稳定，双腿拉动脚绳外旋并拢。

⑤吸气：回到起始点。

反方向重复一次。

- **建议练习次数：**8～15次（如感觉练习量不足，可适当增加次数）。

- **小工具使用：**

  毛巾放在下腰部。

- **动作调整：**如圆肩驼背，掌心向上。

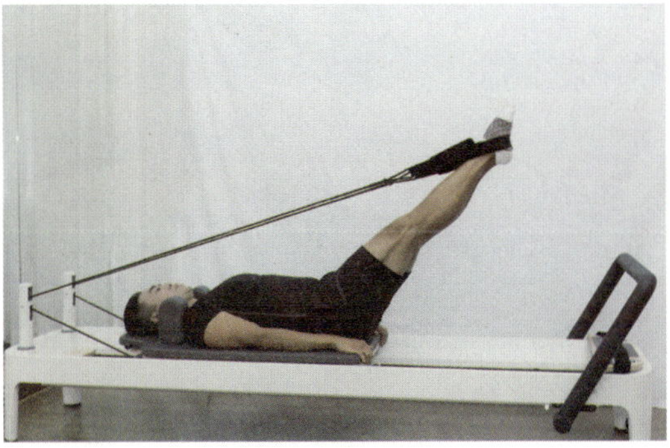

①吸气：准备

②呼气：上抬

③吸气：打开

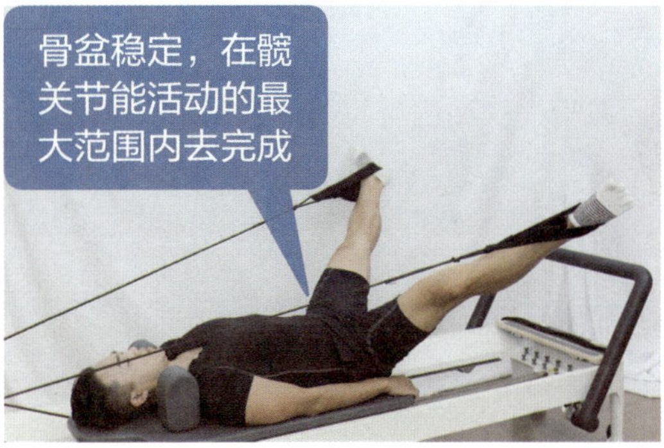

④呼气：下放

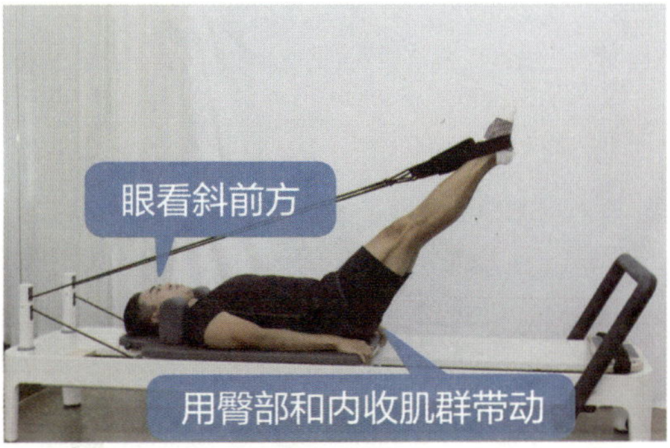

⑤吸气：并拢

注意事项

① 保持骨盆稳定，感觉髋关节的活动，避免髋关节出现弹响。

② 在外旋划圈中，感受臀腿与内收肌群的力量。

（3）内旋

弹簧使用：

1红1黄或以下重量：提高髋关节灵活度，加强核心训练。（发力感受：20%～40%）

1红1蓝或以上重量：强化臀腿力量。（发力感受：60%～80%）

- **起始位置：**仰卧，保持中立位，将脚绳套至靠近脚跟位置。双腿伸直内旋，绷脚，大脚趾贴在一起呈内八字，双腿抬起，保持与地面呈45度角。手臂置于身体两侧。

①吸气：准备

- **呼吸方式：**

①吸气：准备。

②呼气：保持骨盆中立位，双脚内旋上抬；

吸气：双腿内旋打开。

③呼气：骨盆稳定，双腿拉动脚绳内旋；

吸气：回到起始点。

反方向重复一次。

②呼气：上抬；吸气：打开

- **建议练习次数：**8～15次（如感觉练习量不足，可适当增加次数）。

- **小工具使用：**

毛巾放在下腰部。

- **动作调整：**如圆肩驼背，掌心向上。

③呼气：下放；吸气：并拢

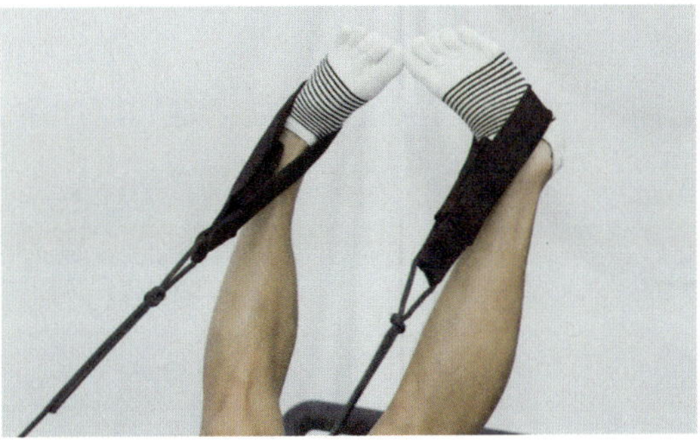

特写（1）

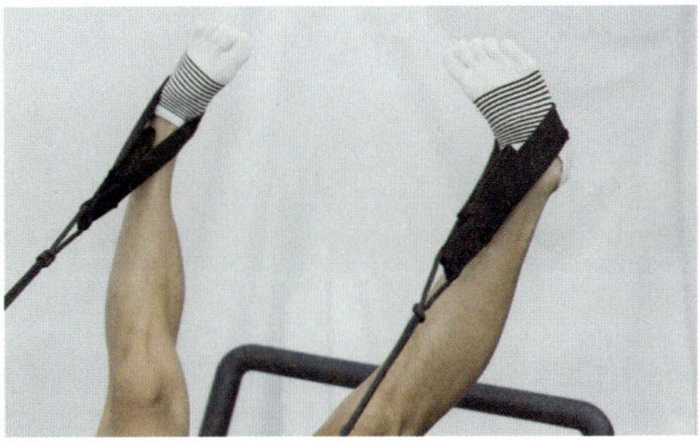

特写（2）

注意事项

① 保持骨盆稳定，感觉髋关节的活动，避免髋关节出现弹响。

② 在内旋划圈中，感受内收肌群与臀部力量。

（七）蛙式练习

弹簧使用：

1红1黄或以下重量：提高髋关节灵活度，加强核心训练。（发力感受：20%～40%）

1红1蓝或以上重量：强化臀腿力量。（发力感受：60%～80%）

◆ **起始位置：**仰卧，保持中立位，将脚绳套至靠近脚跟位置，双腿伸直并拢，绷脚，双腿抬起，保持与地面呈45度角。手臂置于身体两侧。

◆ **呼吸方式：**

①呼气：准备。

②吸气：保持骨盆中立位，双脚并拢，绷脚上抬，拉伸大腿后侧。

③呼气：滑板尽量稳定不动，双腿外旋，绷脚，同时与脚底板贴在一起。

④吸气：滑板稳定，勾脚，双腿外旋打开。

⑤呼气：绷脚，蹬腿并拢。

⑥吸气：回到起始点。

◆ **建议练习次数：** 8～15次（如感觉练习量不足，可适当增加次数）。

◆ **小工具使用：**

毛巾放在下腰部，有助于稳定骨盆。

◆ **动作调整：** 在圆肩驼背，掌心向上（即肱骨外旋位）。

注意事项

① 保持骨盆稳定，增加髋关节与脚踝的活动。

② 在开腿与并腿中，感受臀腿力量。

①呼气：准备

②吸气：并腿上抬

③呼气：屈膝外旋

④吸气：外旋腿勾脚打开

⑤呼气：绷脚并拢双腿

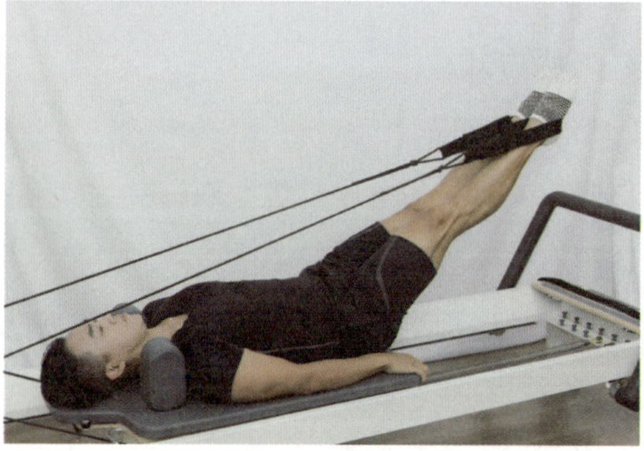

⑥吸气：平行腿在起始点

（八）拍击协调

弹簧使用：

1红1黄或以下重量：提高髋关节灵活度，加强核心训练。（发力感受：20%~40%）

1红1蓝或以上重量：强化臀腿力量。（发力感受：60%~80%）

- **起始位置：**仰卧，保持中立位，将脚绳套至靠近脚跟的位置。双腿并拢外旋，屈膝屈髋呈90度，勾起双脚。手臂置于身体两侧。

- **呼吸方式：**

①吸气：准备。

②呼气：保持骨盆中立位，双腿外旋，并拢蹬直双腿，同时绷脚。

③吸气：滑板不动，外旋打开双腿。

④呼气：双腿并拢。

⑤吸气：勾脚屈膝屈髋呈90度，回到起始点。

- **建议练习次数：**8~15次（如感觉练习量不足，可适当增加次数）。

- **小工具使用：**

毛巾放在下腰部，有助于稳定骨盆。

- **动作调整：**如圆肩驼背，掌心向上。

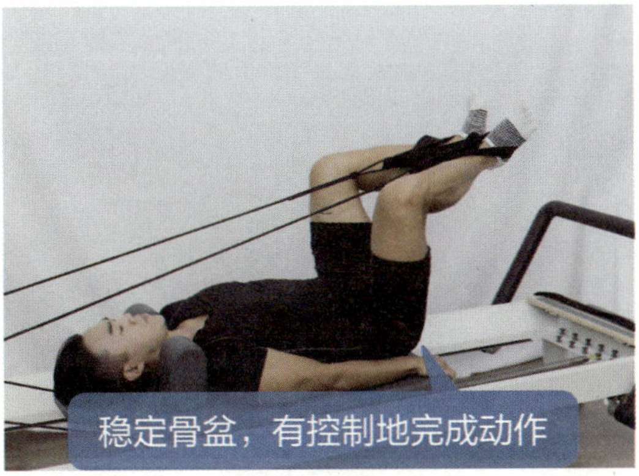

①吸气：准备

②呼气：蹬腿绷脚

③吸气：打开

④呼气：并腿

⑤吸气：屈膝勾脚收回

注意事项

① 保持骨盆稳定，避免腰部发力。

② 尽量用臀部与内收肌群发力。

③ 伸展/屈曲膝盖时，避免弹响髋，感受臀腿力量。

七、手绳系列

（一）手臂练习

（1）三头肌练习

弹簧使用：

1蓝或1黄：增强核心控制能力，提升肩关节灵活度。（发力感受：20%～40%）

1红或以上重量：增强核心稳定性与强化手臂力量。（发力感受：60%～80%）

◆ **起始位置：**仰卧，保持中立位，把手绳套至虎口与小鱼际位置。双腿抬起并拢，屈膝屈髋呈90度，保持骨盆中立位。掌心向下，手臂贴在身体两侧。

◆ **呼吸方式：**

①呼气：准备。

②吸气：保持骨盆中立位，屈肘呈90度。

③呼气：双手拉动直臂向下，贴在身体两侧。

◆ **建议练习次数：**8～15次（如感觉练习量不足，可适当增加次数）。

◆ **小工具使用：**

毛巾放在下腰部，有助于骨盆稳定。

◆ **动作调整：**如感觉髋关节不适，可以做外旋腿。

◆ **退阶（换凯迪拉克床）：**

如在核心床上做抬腿动作时，腰部受压疼痛，可选择移动杆，做手臂练习。

退阶：凯迪拉克床练习

①呼气：准备

②吸气：屈肘90度

③呼气：直臂收回

注意事项

① 保持骨盆稳定，避免腰部发力。

② 全程背部贴住滑板，可有效帮助肩胛骨稳定。

③ 尽量用手臂力量或肩关节活动，避免手肘过度伸展，肩颈疼痛时不要勉强去完成动作。

（2）直臂

弹簧使用：

1蓝或1黄：增强核心控制能力，提升肩关节灵活度。（发力感受：20%～40%）

1红或以上重量：增强核心稳定性与强化手臂力量。（发力感受：60%～80%）

◆ **起始位置：**仰卧，保持中立位，把手绳套至虎口与小鱼际位置，双腿抬起并拢，屈膝屈髋呈90度，保持骨盆中立位。掌心向下，手臂贴在身体两侧。

◆ **呼吸方式：**

①呼气：准备。

②吸气：保持骨盆中立位，直臂向上。

③呼气：双手拉动直臂向下，贴在身体内侧。

◆ **建议练习次数：**8～15次（如感觉练习量不足，可适当增加次数）。

◆ **小工具使用：**

毛巾放在下腰部，有助于骨盆稳定。

◆ **动作调整：**如感觉髋关节不适，可以做外旋腿。

◆ **退阶（换凯迪拉克床）：**

如在核心床上做抬腿动作时，腰部受压疼痛，可选择移动杆，做手臂练习。

①呼气：准备

②吸气：上抬

③呼气：直臂收回

注意事项

① 保持骨盆稳定，避免腰部发力。

② 全程背部贴住滑板，可有效帮助肩胛骨稳定。

③ 尽量用手臂力量或肩关节活动，避免手肘过度伸展，肩颈疼痛时不要勉强去完成动作。

（3）侧展

弹簧使用：

1蓝或1黄：增强核心控制能力，提高肩关节灵活度。（发力感受：20%～40%）

1红或以上重量：增强核心稳定性与强化手臂力量。（发力感受：60%～80%）

- **起始位置：**仰卧，保持中立位，把手绳套至虎口和小鱼际的位置。双腿抬起并拢，屈膝屈髋呈90度，保持骨盆中立位。掌心向下，手臂贴在身体两侧。

①呼气：准备

- **呼吸方式：**

①呼气：准备。

②吸气：保持骨盆中立位，以肩胛面，侧直臂打开。

③呼气：双手向身体两侧拉动。

②吸气：打开

- **建议练习次数：**8～15次（如感觉练习量不足，可适当增加次数）。

③呼气：收回

- **小工具使用：**

毛巾放在下腰部，有助于骨盆稳定。

- **动作调整：**如感觉髋关节不适，可以做外旋腿。

- **退阶（换凯迪拉克床）：**

如在核心床上做抬腿动作时，腰部受压疼痛，可选择移动杆，做手臂练习。

注意事项

① 保持骨盆稳定，避免腰部发力。

② 全程背部贴住滑板，可有效帮助肩胛骨稳定。

③ 尽量用手臂力量或肩关节活动，避免手肘过度伸展，肩颈疼痛时不要勉强去完成动作。

（4）划圈

弹簧使用：

1蓝或1黄：增强核心控制能力，提升肩关节灵活度。（发力感受：20%~40%）

1红或以上重量：增强核心稳定性与强化手臂力量。（发力感受：60%~80%）

◆ **起始位置：**仰卧，保持中立位，把手绳套至虎口和小鱼际的位置。双腿抬起并拢，屈膝屈髋呈90度，保持骨盆中立位。掌心向下，手臂贴在身体两侧。

◆ **呼吸方式：**

①吸气：准备。

②呼气：直臂双手抬起。

③吸气：滑板稳定，双手打开到肩胛面。

④呼气：掌心向内，双手拉动直臂向身体两侧。

正反方向各一次。

◆ **建议练习次数：**8~15次（如感觉练习量不足，可适当增加次数）。

◆ **小工具使用：**

毛巾放在下腰部，有助于骨盆稳定。

◆ **动作调整：**如感觉髋关节不适，可以做外旋腿。

◆ **退阶（换凯迪拉克床）：**

如在核心床上做抬腿动作时，腰部受压疼痛，可选择移动杆，做手臂练习。

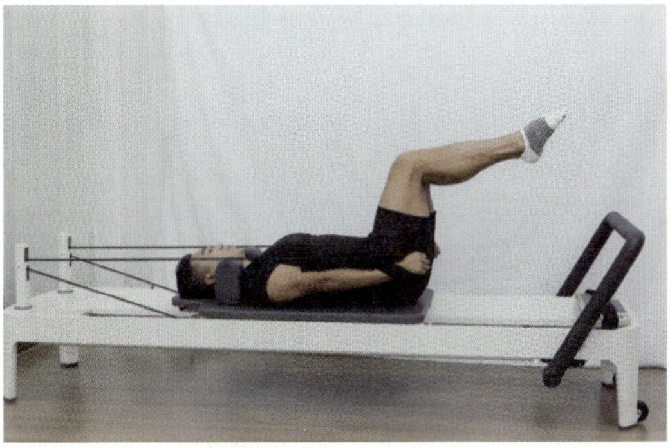

①吸气：准备

②呼气：上抬

③吸气：打开

④呼气：收回

注意事项

① 保持骨盆稳定，避免腰部发力。

② 全程背部贴住滑板，可有效帮助肩胛骨稳定。

③ 尽量用手臂力量或肩关节活动，避免手肘过度伸展，肩颈疼痛时不要勉强去完成动作。

（二）百次拍击

（1）100次拍击

弹簧使用：

1蓝或1黄：提升肩关节灵活度和核心控制能力。（发力感受：20%~40%）

1红或以上重量：增强手臂力量，强化核心控制能力。（发力感受：60%~80%）

◆ **起始位置：**仰卧，保持中立位，把手绳套至虎口和小鱼际的位置。双腿抬起并拢，屈膝屈髋呈90度，保持骨盆中立位。掌心向下，手臂贴在身体两侧。

◆ **呼吸方式：**

①呼气：准备。

②吸气：保持骨盆中立位，直臂向上。

③④呼气：眼神带动头颈肩；

手臂拉动手绳，胸部抬至肩胛骨下缘；

蹬腿向外45度伸直；

尽可能在滑板稳定情况下，双手做微拍打动作；

在后背与肋间两侧呼吸；

做核心控制能力的强化，尽可能进行100次练习。

⑤⑥吸气：手臂带动胸椎逐节卷动到仰卧位；

胸椎带动头颈肩，眼看斜前方；

臀腿发力，慢慢屈膝收回。

⑦呼气：回到起始动作。

◆ **建议练习次数：**3～5次（如感觉练习量不足，可适当增加次数）。

◆ **小工具使用：**

① 毛巾放在下腰部，有助于骨盆稳定。

② 小球夹在大腿内侧，可有效利用内收肌群协助强化核心力量。

①呼气：准备

②吸气：上抬

③呼气：卷起上腹

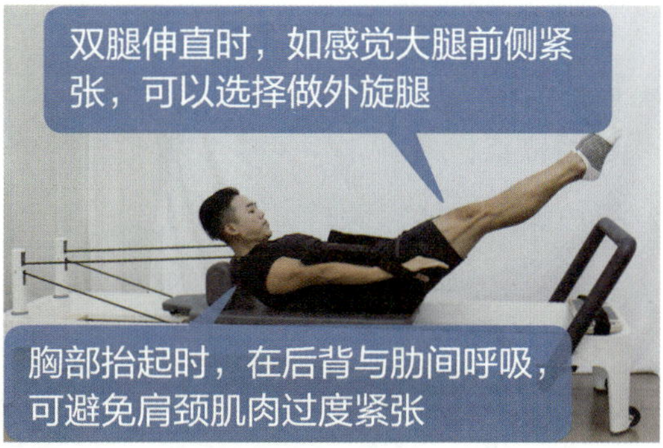

④呼气：蹬腿（过程）

⑤吸气：收回双腿

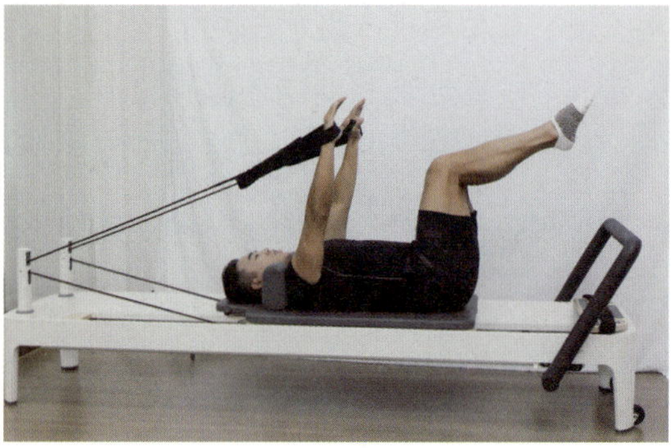

⑥吸气：上身卷下（过程）

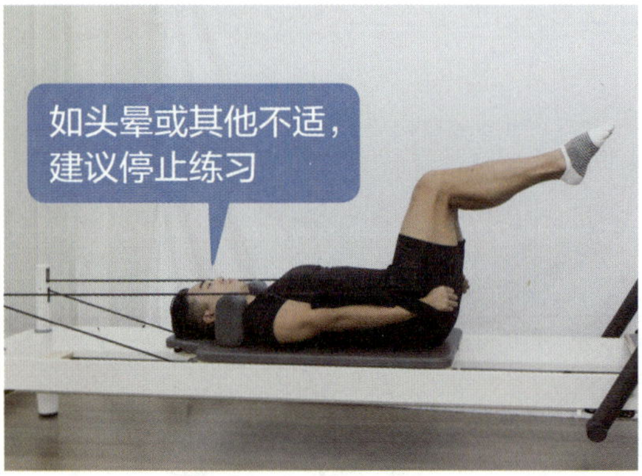

⑦呼气：收回双手

注意事项

① 保持骨盆稳定，避免腰部发力。同时，双脚伸直保持在45度以上，减少腰椎压力。

② 如肩颈感到不适，可以尝试加大弹簧阻力（通过手臂力量协助胸椎屈曲）。

③ 练习时，尽量让腹部深层肌肉去完成。

（2）三头肌练习（中级）

弹簧使用：

1蓝或1黄：提升肩关节灵活度和核心控制能力。（发力感受：20%～40%）

1红或以上重量：增强手臂力量与核心控制能力。（发力感受：60%～80%）

◆ **起始位置：**仰卧，保持中立位，把手绳套至虎口和小鱼际的位置。双腿抬起并拢，屈膝屈髋呈90度，保持骨盆中立位，手臂贴在身体两侧。

◆ **呼吸方式：**

①呼气：保持骨盆中立位，手肘稳定，直臂向前，贴在身体两侧。

②吸气：双手抬起，保持肩胛骨稳定。

③呼气：手臂拉动手绳，胸部抬起至肩胛骨下缘。

④吸气：身体稳定，双手屈肘。

⑤呼气：手臂伸直同时蹬腿向外45度。

⑥吸气：屈曲手臂同时屈膝屈髋。

⑦呼气：双手伸直。

⑧吸气：直臂带动胸椎逐节卷动到仰卧位。

⑨呼气：双手拉至身体两侧，回到起始位置。

◆ **建议练习次数：**8～15次（如感觉练习量不足，可适当增加次数）。

◆ **小工具使用：**

① 毛巾放在下腰部，有助于骨盆稳定。

② 小球夹在大腿内侧，可有效利用内收肌群协助强化核心力量。

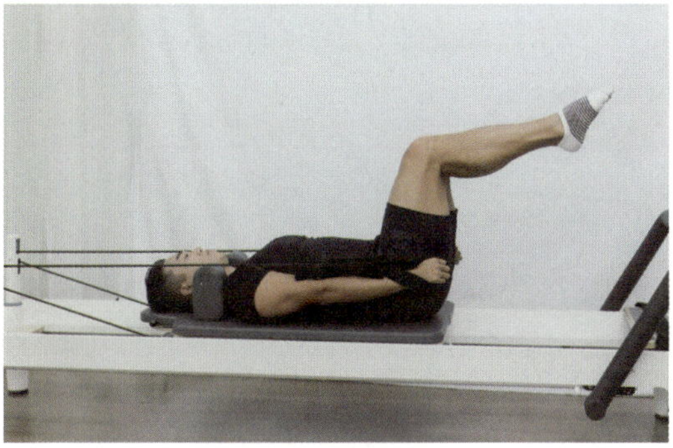

①呼气：准备

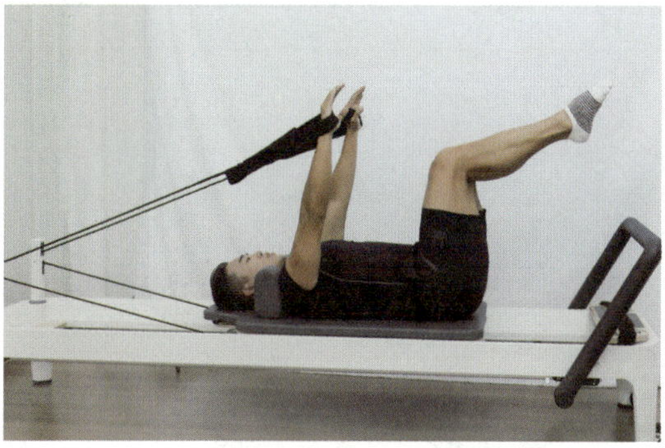

②吸气：双手上抬

③呼气：手臂带动上腹卷起

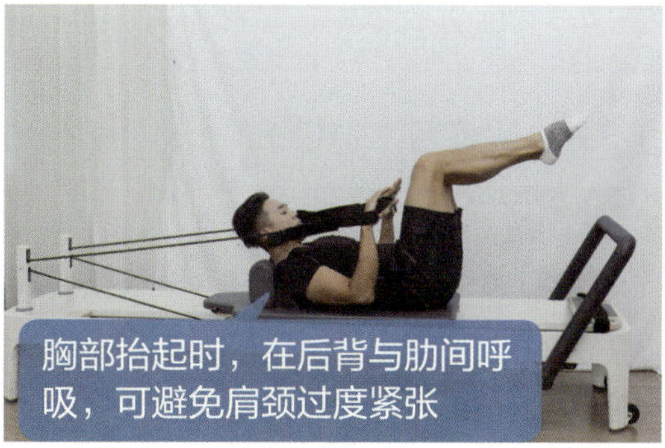

④吸气：屈曲手肘

⑤呼气：手臂伸直同时蹬腿

⑥吸气：屈曲手臂同时屈膝

⑦呼气：双手伸直

⑧吸气：双手带动卷下

⑨呼气：回到起始点

注意事项

① 保持骨盆稳定，避免腰部发力。同时，双脚伸直保持在45度以上，减少腰椎压力。

② 如肩颈感到不适，可以尝试加大弹簧阻力（通过手臂力量协助胸椎屈曲）。

③ 练习时，尽量让腹部平坦有力。

（3）协调练习（中级）

弹簧使用：

1蓝或1黄：提升肩关节灵活度和核心控制能力。（发力感受：20%~40%）

1红或以上重量：增强手臂力量与核心控制能力。（发力感受：40%~60%）

◆ **起始位置：**仰卧，保持中立位，把手绳套至虎口和小鱼际的位置。双腿抬起，屈膝屈髋腿外旋呈90度，保持骨盆中立位。直臂，双手贴在身体两侧。

◆ **呼吸方式：**

①吸气：保持骨盆中立位，直臂向前。

②呼气：直臂向前拉动；

眼神带动头颈肩，卷起上腹；

蹬腿45度伸直。

③吸气：滑板稳定，双腿打开。

④呼气：双腿并拢，做内收练习。

⑤吸气：直臂带动胸椎逐节卷动到仰卧位；

胸椎带动头颈肩，眼看斜前方；

臀腿发力，慢慢屈膝收回。

◆ **建议练习次数：**8～15次（如感觉练习量不足，可适当增加次数）。

◆ **小工具使用：**

① 毛巾放在下腰部，有利于骨盆稳定。

② 用魔力圈做夹圈练习，增强内收肌群力量。

魔力圈（夹圈练习）

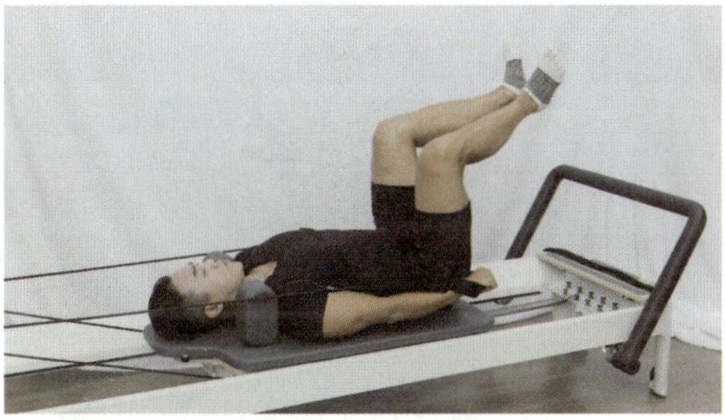

①吸气：准备

②呼气：卷起上腹同时直腿

③吸气：双腿打开

④呼气：双腿并拢

⑤吸气：回到起始点

注意事项

① 保持骨盆稳定，避免腰部发力。同时，双脚伸直保持在45度以下，减少腰椎压力。

② 如肩颈感到不适，可以尝试加大弹簧阻力（通过手臂力量协助胸椎屈曲）。

③ 练习时，尽量让腹部平坦有力。

④ 双腿并拢时应感受到内收肌群的发力。

（三）全身协调练习（高级动作）

弹簧使用：

1蓝或1红：提升脊椎灵活度与身体协调性。（发力感受：20%~60%）

◆ **起始位置：**

①坐在箱子上，双脚踩在木板上，抬起单腿，双手抱在大腿后侧，身体慢慢向下卷动。

②仰卧上腹卷起，肩胛骨下缘离开箱子边缘。

③保持中立位，双腿抬起屈膝屈髋呈90度，双手拿起手绳，直臂拉到身体两侧。

④完成动作后，单腿抬起，双手抱大腿，可借用腿部力量慢慢撑起，坐起身体。

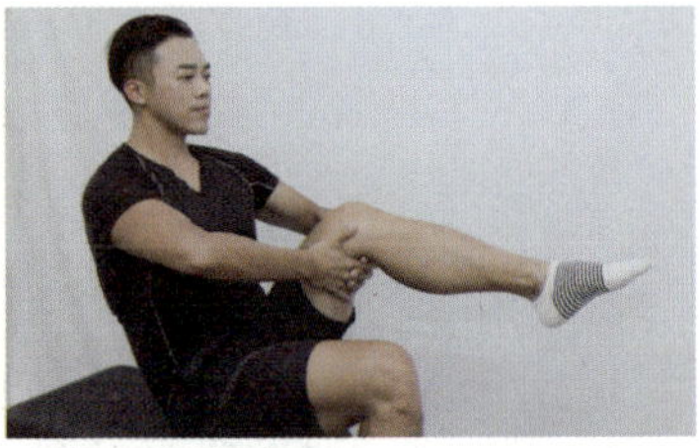

坐在箱子上做起始动作

仰卧上腹卷起

◆ **呼吸方式：**

①呼气：准备。

②吸气：保持骨盆中立位；

直臂向上向后；

眼神带动头颈肩，脊椎伸展；

双腿伸直，髋部伸展。

③④呼气：双手划圈（掌心方向从向外到向上拉动）；

眼神带动头部做点头，骨盆后倾，脊椎屈曲；

屈髋双腿带动抬起。

⑤⑥吸气：脊椎逐节向下；

双腿慢慢下放，髋部伸展；

直臂拉动下放，向外划圈到头顶。

⑦呼气：胸部抬起，双手拉动到身体两侧，屈膝屈髋回到起始位置。

◆ **建议练习次数：**5～8次（如感觉练习量不足，可适当增加次数）。

◆ **小工具使用：**

毛巾放在下腰部，有利于骨盆后倾，让腰椎有空间做屈曲。

◆ **进阶：**

卷到坐姿位置，保持身体稳定并做手臂练习。

起始动作

手臂练习

卷到坐姿位置，保持身体稳定，做双腿上下抬动练习。

起始动作

腿部练习

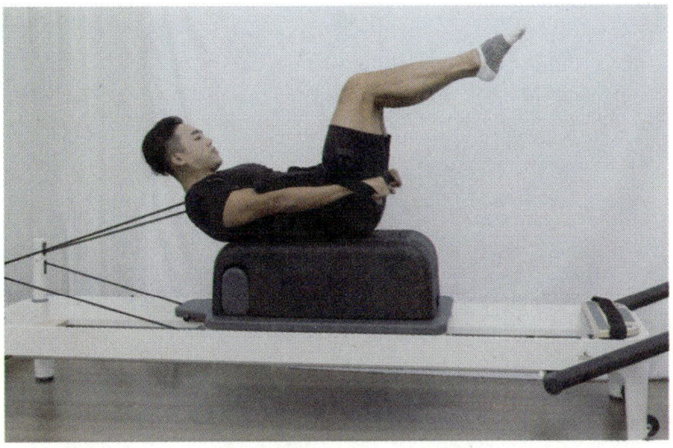

①呼气：准备

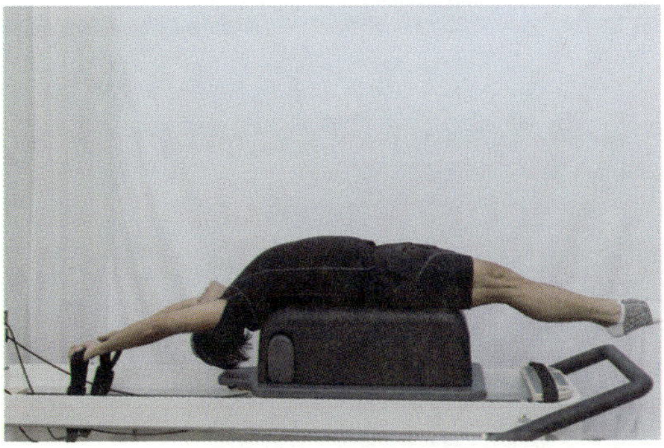

②吸气：脊椎伸展

③呼气：脊椎逐节卷起（过程）

④呼气：坐姿平衡点

⑤吸气：脊椎逐节卷下（过程）

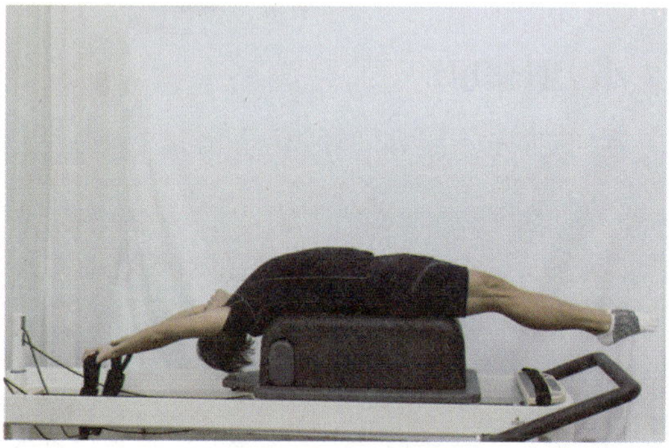

⑥吸气：脊椎伸展

⑦呼气：回到起始点

注意事项

① 当腰部感到疼痛或其他不适时建议停止练习。

② 脊椎屈曲卷起时，如卡在胸椎或腰椎段，建议别用猛力撑起，应慢慢尝试。

③如感到肩颈不适或卷不起来，可以尝试加大弹簧阻力（通过手臂力量带动脊椎屈曲），如实在难以卷起，可以尝试从退阶动作（骨盆卷起）的基础动作开始练习。

④ 双腿并拢时应感受到大腿后侧与内收肌群的发力。

8 八、俯卧

（一）天鹅伸展

弹簧使用：

1蓝或1黄：增强核心控制能力，提升肩关节灵活度。（发力感受：20%～40%）

1红或以上重量：增强核心稳定性与强化手臂力量。（发力感受：60%～80%）

◆ **起始位置：**俯卧，箱子竖放，头部朝向脚杆方向，双手贴在脚杆上，比肩膀略宽，保持身体中立位，骨盆微后倾，髋部伸展，外旋腿绷脚。

◆ **呼吸方式：**

①吸气：准备。

②呼气：保持身体中立位，手臂发力推开脚杆。

③吸气：直臂拉回带动胸椎做伸展，上胸部做呼吸伸展。

④呼气：手臂推开，带动脊椎逐节向下卷动，回到中立位。

⑤吸气：保持身体稳定，屈肘回到起始位置。

◆ **建议练习次数：**8～12次（如感觉练习量不足，可适当增加次数）。

◆ **小工具使用：**

如骨盆没能很好地处于微后倾位，可把毛巾放在髂前上棘，让骨盆有空间做髋部伸展。

毛巾放在髂前上棘

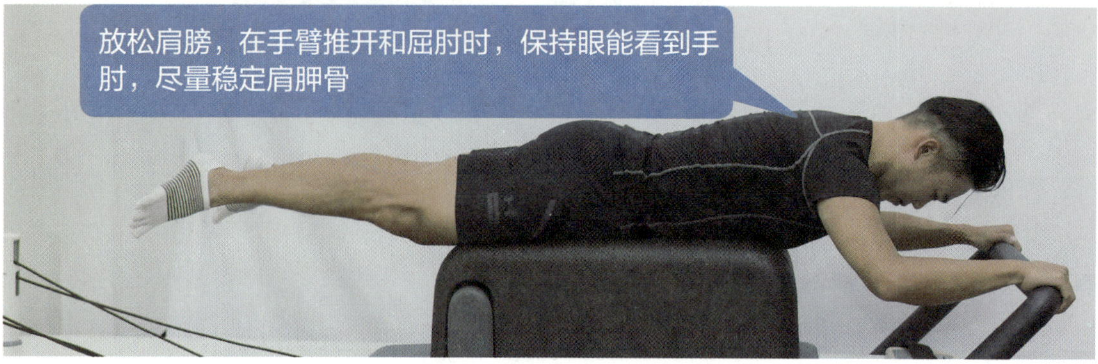

①吸气：准备

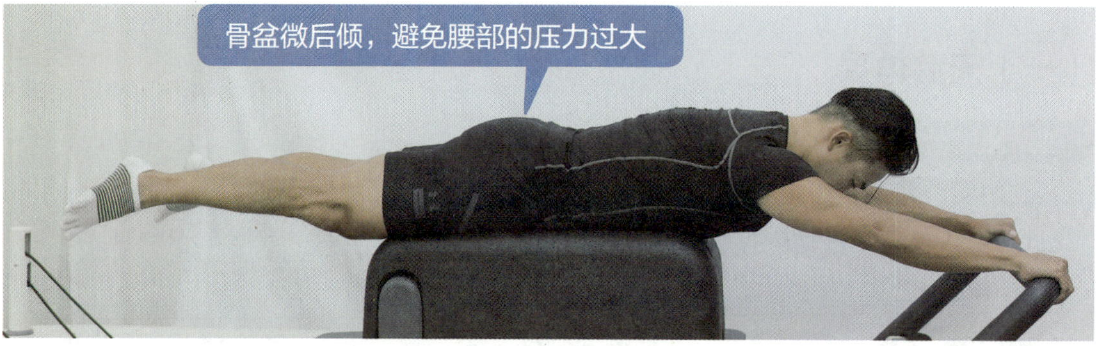

②呼气：双手推动

③吸气：脊椎逐节向上同时双手拉回

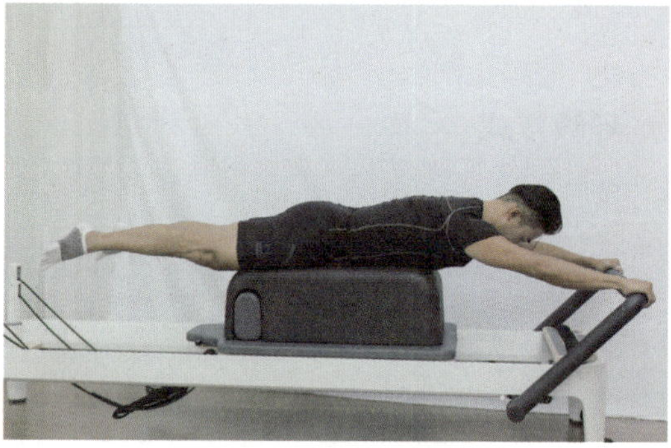

④呼气：脊椎逐节向下

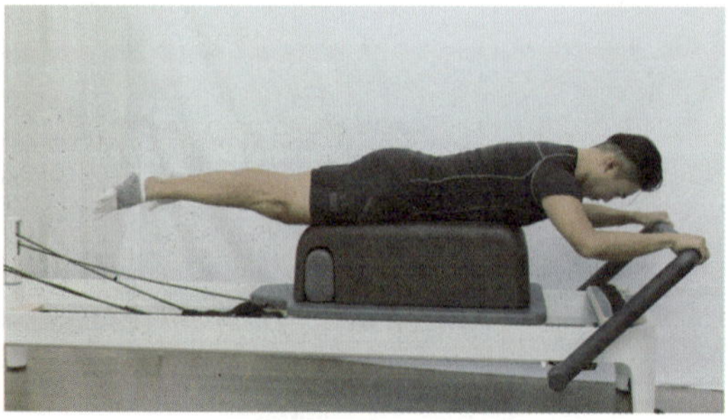

⑤吸气：屈曲手肘

注意事项

① 头颈部随着胸椎活动完成动作。

② 避免过度伸展脊椎，否则会引起腰部疼痛。

③ 做起始动作时，若骨盆没能很好地贴住箱子，可双腿外旋打开些。

（二）腘绳肌练习

弹簧使用：

1蓝：锻炼腘绳肌柔韧性。（发力感受：20%～40%）

1红：锻炼腘绳肌力量。（发力感受：60%～80%）

◆ **起始位置：**俯卧，箱子竖放，头部朝向脚杆方向，双手贴在滑板上，保持身体中立位，骨盆微后倾，双腿外旋打开在箱子边缘做髋部伸展，屈膝呈90度绷脚。

◆ **呼吸方式：**

①吸气：准备。

②呼气：保持身体中立位，骨盆微后倾，髋部伸展同时膝盖稳定，双脚拉动脚绳靠近大腿后侧。

③吸气：慢慢做腘绳肌离心收缩。

保持身体稳定，回到起始位置。

◆ **建议练习次数：**8～12次（如感觉练习量不足，可适当增加次数）。

◆ **小工具使用：**

如骨盆没能很好地处于微后倾位，可把毛巾放在髂前上棘，让骨盆有空间做髋部伸展。

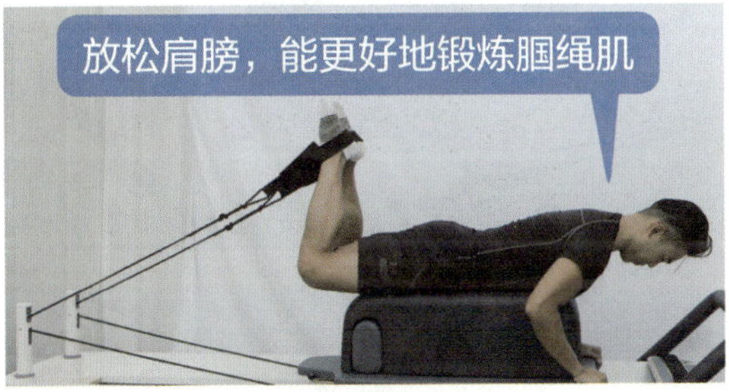

①吸气：准备

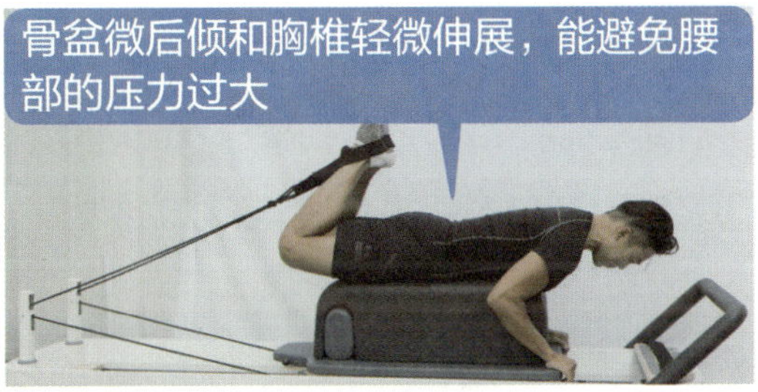

②呼气：拉回

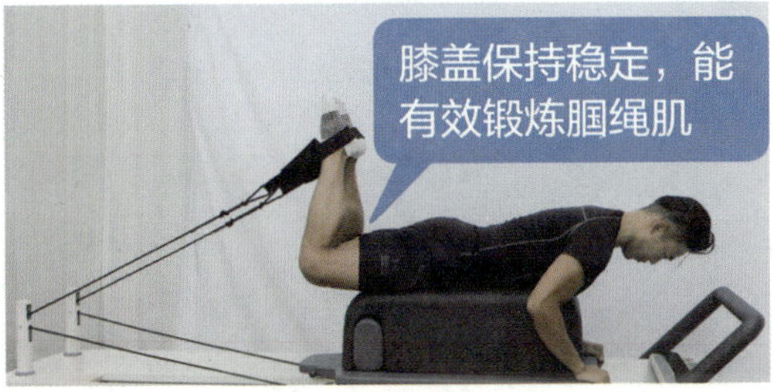

③吸气：收回

注意事项

① 头颈部应全程保持稳定。

② 避免过度伸展脊椎。

③ 做起始动作时，留意胸椎是否伸展。

（三）划船练习

弹簧使用：

1蓝：锻炼肩关节和脊椎灵活性。（发力感受：20%~40%）

1红：锻炼手臂与背部力量。（发力感受：60%~80%）

◆ **起始位置：**俯卧，箱子竖放，头部朝向绳子方向，双手尽可能垂直于滑板两侧，保持身体中立位，骨盆微后倾，双腿外旋微抬起，在箱子边缘做髋部伸展，绷脚踝。

◆ **呼吸方式：**

· 肩关节与脊椎灵活性练习

①吸气：准备。

②呼气：保持身体中立位，骨盆微后倾，双手拉动手绳到髋部两侧上抬。

③吸气：带动胸部做伸展。

④呼气：胸椎回到起始位置。

⑤吸气：双手带动回到起始位置。

*同动作呼吸进阶。

· 手臂与背部力量练习

①吸气：准备。

②呼气：保持身体稳定，“拜拜肉”（指上臂后面松弛的赘肉）发力拉动到髋部两侧。

③吸气：“拜拜肉”带动慢慢回到起始位置。

①吸气：准备

◆ **建议练习次数：**8~12次（如感觉练习量不足，可适当增加次数）。

◆ **小工具使用：**

如骨盆没能很好地处于微后倾位，可把毛巾放在髂前上棘，让骨盆有空间做髋部伸展。

②呼气：手臂后拉

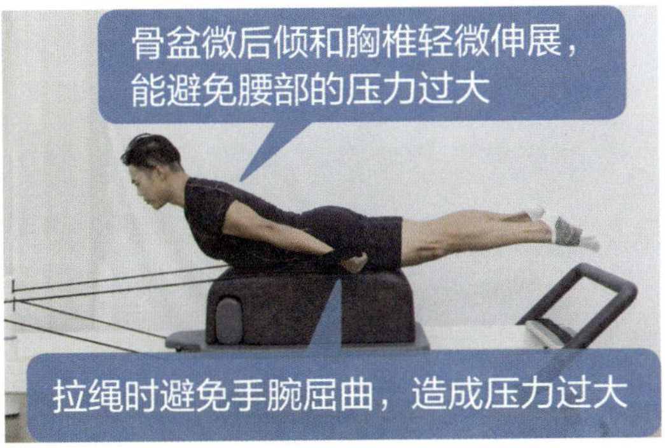

③吸气：脊椎伸展

④呼气：脊椎逐节下放

⑤吸气：手臂收回

注意事项

① 头颈部应全程保持稳定。

② 避免过度伸展脊椎。

③ 做起始动作时，留意胸椎是否伸展。

（四）三头肌练习

弹簧使用：

1蓝：锻炼肩胛骨与手肘的稳定性。（发力感受：20%～40%）

1红：锻炼“拜拜肉”与背部力量。（发力感受：60%～80%）

◆ **起始位置：** 俯卧，箱子竖放，头部朝向绳子方向，屈手肘贴在身体两侧稳定，保持身体中立位，骨盆微后倾，双腿微抬起，在箱子边缘做髋部伸展，绷脚踝。

◆ **呼吸方式：**

· “拜拜肉”与背部力量练习

①吸气：准备。

②呼气：保持身体稳定，手肘稳定，“拜拜肉”发力拉动到髋部两侧。

③吸气：屈肘“拜拜肉”带动慢慢回到起始位置。

*同动作呼吸进阶。

①吸气：准备

②呼气：后拉

③吸气：收回

· 肩胛骨与手肘的稳定性练习

①呼气：准备。

②吸气：保持身体中立位，骨盆微后倾，手肘稳定，双手拉动手绳伸直向髋部两侧上抬，胸部微伸展。

③呼气：通过手肘屈曲，慢慢回到起始位置。

◆ **建议练习次数：** 8～12次（如感觉练习量不足，可适当增加次数）。

◆ **小工具使用：**

如骨盆没能很好地处于微后倾位，可把毛巾放在髂前上棘，让骨盆有空间做髋部伸展。

注意事项

① 头颈部应全程保持稳定。

② 避免过度伸展脊椎。

③ 做起始动作时，留意胸椎是否伸展。

（五）飞翔练习

弹簧使用：

1蓝：锻炼胸椎与肩关节灵活性。（发力感受：20%～40%）

1红：锻炼“拜拜肉”与背部力量。（发力感受：60%～80%）

◆ **起始位置：** 俯卧，箱子竖放，头部朝向绳子方向，双手打开45度，保持身体中立位，骨盆微后倾，双腿微抬起，在箱子边缘做髋部伸展，绷脚踝。

◆ **呼吸方式：**

· “拜拜肉”与背部力量练习

①吸气：准备。

②呼气：保持身体稳定，双手打开，“拜拜肉”发力拉动到髋部两侧。

③吸气：有控制地慢慢回到起始位置。

＊同动作呼吸进阶。

· 胸椎与肩关节灵活性练习

①呼气：准备。

②吸气：保持身体中立位，骨盆微后倾，双手打开拉动手绳伸直向髋部两侧上抬，胸部微伸展。

③呼气：有控制地慢慢回到起始位置。

◆ **建议练习次数：** 8～12次（如感觉练习量不足，可适当增加次数）。

◆ **小工具使用：**

如骨盆没能很好地处于微后倾位，可把毛巾放在髂前上棘，让骨盆有空间做髋部伸展。

①吸气：准备

②呼气：后拉

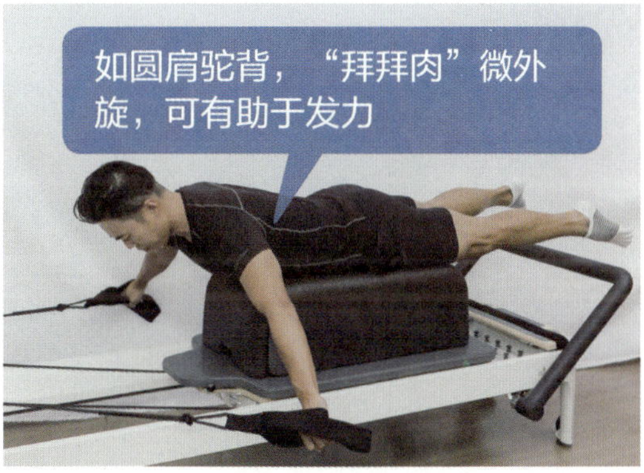

③吸气：收回

注意事项

① 头颈部应全程保持稳定。

② 避免过度伸展脊椎。

③ 做起始动作时，留意胸椎是否伸展。

9 九、四肢支撑

（一）髋部练习

（1）脊椎伸展练习

弹簧使用：

全弹簧：增强脊椎的灵活性。（发力感受：20%~40%）

◆ **起始位置：**四肢支撑，头部朝向脚杆方向，脚跟紧贴肩托，脚趾尽量放在滑板上，双手握住脚杆两侧，略比肩宽，保持中立位，把重心放在臀腿位置。

◆ **呼吸方式：**

· 改善胸椎平直练习

①呼气：准备。

②吸气：骨盆后倾，脊椎逐节屈曲。

③呼气：骨盆前倾，脊椎逐节伸展，头、颈、肩膀跟随胸椎伸展。

④吸气：脊椎逐节回到中立位。

* 同动作呼吸进阶。

①吸气：准备。

②呼气：骨盆后倾，脊椎逐节屈曲。

③吸气：骨盆前倾，脊椎逐节伸展，头、颈、肩膀跟随胸椎伸展。

◆ **建议练习次数：**8~12次（如感觉练习量不足，可适当增加次数）。

◆ **小工具使用：**

① 如脚跟没能很好地贴紧肩托，可用小软垫垫高膝盖，让脚踝能踏在肩托上。膝盖跪在滑板上时，如感疼痛或其他不适，可垫上小软垫缓冲压力，如无法改善膝关节压力，不建议勉强完成动作。

② 练习中如骨盆没能很好地稳定，可用大腿内侧夹小球，能有效提高骨盆稳定性与核心肌群的参与度。

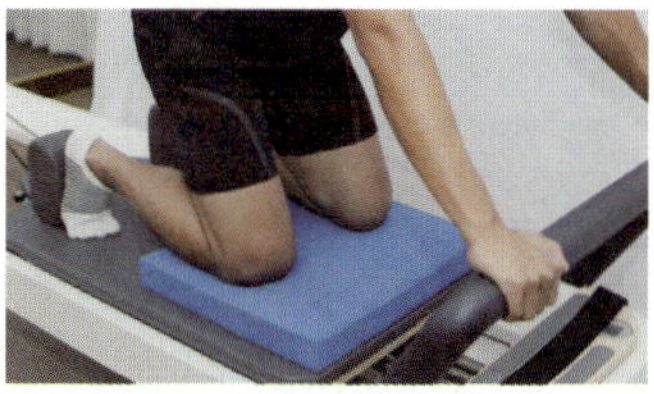
使用小软垫

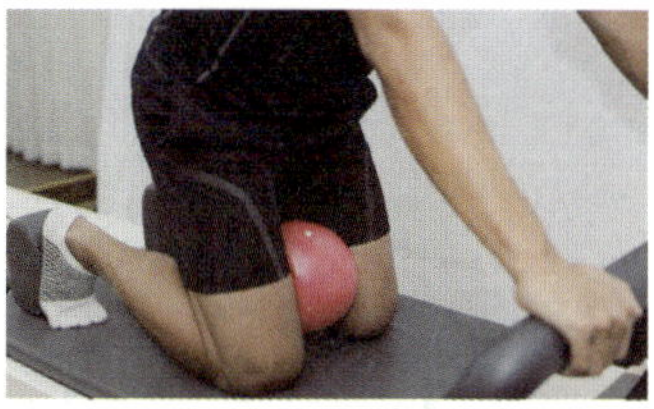
使用小球

①呼气：准备

②吸气：脊椎屈曲

③呼气：脊椎伸展

④吸气：回到起始点

注意事项

① 头、颈、肩膀全程跟随胸椎屈曲或伸展。

② 避免过度伸展脊椎。

③ 如感觉手腕压力过大，可把身体重心放在下肢。

（2）屈曲

弹簧使用：

1蓝或1黄：提高髋关节灵活度与核心稳定性。（发力感受：20%～40%）

1红或以上重量：练习臀腿力量。（发力感受：60%～80%）

◆ **起始位置：**四肢支撑，头部朝向脚杆方向，脚跟紧贴肩托，脚趾尽量放在滑板上，双手握住脚杆两侧，略比肩宽 ，保持中立位，把重心放在臀腿位置。

◆ **呼吸方式：**

①吸气：准备。

②呼气：脊椎屈曲。

③吸气：保持骨盆后倾位，上肢稳定，臀腿发力，髋部做伸展。

④呼气：保持骨盆后倾位，腹部微卷曲，带动髋部屈曲。

⑤吸气：慢慢回到起始位置。

◆ **建议练习次数：**8～12次（如感觉练习量不足，可适当增加次数）。

◆ **小工具使用：**

① 如脚跟没能很好地贴紧肩托，可用小软垫垫高膝盖，让脚踝能踏在肩托上。

② 膝盖跪在滑板上时，如感疼痛或其他不适，可垫上毛巾缓冲压力，如没有改善，不建议勉强完成动作。

①吸气：准备

②呼气：脊椎屈曲

③吸气：蹬腿向后

④呼气：收回

⑤吸气：回到起始点

注意事项

① 头、颈、肩膀应全程跟随胸椎屈曲或伸展。

② 避免过度伸展脊椎。

③ 如手腕压力过大，可把身体重心放在下肢。

（3）直背

弹簧使用：

1蓝或1黄：提高髋关节灵活度与核心稳定性。（发力感受：20%~40%）

1红或以上重量：练习臀腿力量。（发力感受：20%~40%）

◆ **起始位置：** 四肢支撑，头部朝向脚杆方向，脚跟紧贴肩托，脚趾尽量放在滑板上，双手握住脚杆两侧，略比肩宽，保持中立位，把重心放在臀腿位置。

◆ **呼吸方式：**

①呼气：准备。

②吸气：保持中立位，骨盆稳定，臀腿发力，髋部做伸展。

③呼气：保持中立位，骨盆稳定，带动髋部屈曲回到起始位。

◆ **建议练习次数：** 8~12次（如感觉练习量不足，可适当增加次数）。

◆ **小工具使用：**

① 如脚跟没能很好地贴紧肩托，用小软垫垫高膝盖，让脚踝能踏在肩托上。

② 膝盖跪在滑板上时，如感疼痛或其他不适，可垫上毛巾缓冲压力，如没有缓解，建议调整动作。

①呼气：准备

②吸气：蹬腿

③呼气：收回

注意事项

① 头、颈、肩膀应全程稳定。

② 避免过度伸展脊椎。

③ 如手腕压力过大，可把身体重心放在下肢。

（二）提膝练习（中级）

弹簧使用：

1蓝或1黄：提高髋关节灵活度与核心稳定性。（发力感受：20%~40%）

1红或以上重量：练习臀腿力量。（发力感受：60%~80%）

◆ **起始位置：** 四肢支撑，头部朝向脚杆方向，脚跟紧贴肩托，脚趾尽量放在滑板上，双手握住脚杆两侧，略比肩宽，保持中立位，把重心放在臀腿位置。

◆ **呼吸方式：**

①呼气：脊椎屈曲，双膝离开滑板0.5～1厘米。

②吸气：保持骨盆后倾，上肢稳定，臀腿发力，髋部做伸展。

③呼气：保持骨盆后倾，腹部做微卷曲，带动髋部屈曲回到起始位。

◆ **建议练习次数：**8～12次（如感觉练习量不足，可适当增加次数）。

◆ **小工具使用：**

① 如脚跟没能很好地贴紧肩托，可用小软垫垫高膝盖，让脚踝能踏在肩托上。

② 膝盖跪在滑板上时，如感疼痛或其他不适，可垫上毛巾缓冲压力，如没有缓解，建议调整动作。

注意事项

① 双腰提起对膝盖压力会变大，如有疼痛感建议调整动作。

② 头、颈、肩膀应全程跟随胸椎屈曲。

③ 如手腕压力过大，可把身体重心放在下肢。

①呼气：准备

②吸气：蹬腿

③呼气：收回

特写

（三）猫式练习

（1）屈曲

弹簧使用：

1蓝或1黄：提高髋关节灵活度与核心稳定性。（发力感受：20%～40%）

1红或以上重量：练习臀腿力量。（发力感受：60%～80%）

◆ **起始位置：**头部朝向脚杆方向，双脚踏在滑板上，脚跟与髋部同宽，保持良好的下肢排列，双手握住脚杆两侧，手腕与肩同宽，脊椎屈曲，重心微向前移动至上腹发力为佳。

◆ **呼吸方式：**

①呼气：准备。

②吸气：保持脊椎屈曲，骨盆后倾，上肢稳定，髋部伸展，蹬腿。

③呼气：保持骨盆后倾，腹部做微卷曲，带动髋部屈曲回到起始位。

◆ **建议练习次数：**8～12次（如感觉练习量不足，可适当增加次数）。

◆ **小工具使用：**

横放箱子。箱子能很好地辅助脚跟稳定与大腿后侧发力。

横放箱子

①呼气：准备

②吸气：蹬腿

③呼气：收回

注意事项

① 头、颈、肩膀应全程跟随胸椎屈曲。

② 如手腕压力过大，身体重心应放在腹部。

③ 当感到头晕时，应停下休息。

（2）直背

弹簧使用：

1蓝或1黄：提高髋关节灵活度与核心稳定性。（发力感受：20%~40%）

1红或以上重量：练习臀腿力量。（发力感受：60%~80%）

◆ **起始位置：**头部朝向脚杆方向，双脚踏在滑板上，脚跟与髋部同宽，保持良好的下肢排列，双手握住脚杆两侧，手腕与肩同宽，脊椎在中立位，重心微向前移动至上腹发力为佳。

◆ **呼吸方式：**

①呼气：准备。

②吸气：保持中立位，骨盆稳定，臀腿发力，髋部做伸展，蹬腿。

③呼气：保持中立位，骨盆稳定，带动髋部微屈曲回到起始位。

◆ **建议练习次数：**8~12次（如感觉练习量不足，可适当增加次数）。

◆ **小工具使用：**

① 横放箱子，箱子能很好地辅助脚跟稳定与大腿后侧发力。

② 小砖头放在骶骨上，以感受骨盆的稳定。

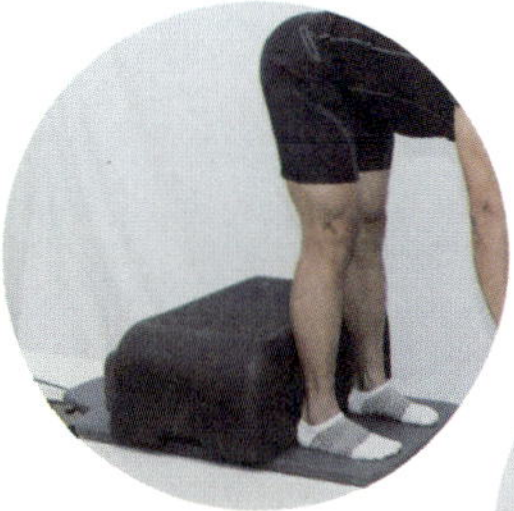

横放箱子

小砖头放在骶骨上

①呼气：准备

注意事项

① 保持脊椎在中立位。

② 如手腕压力过大，身体重心应放在腹部。

③ 当感到头晕时，应停下休息。

②吸气：蹬腿

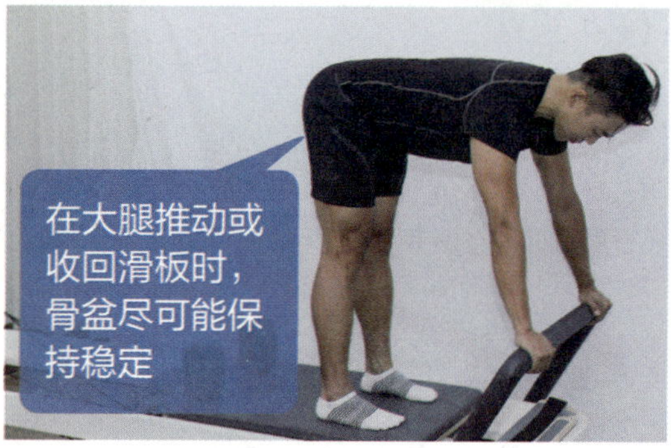

③呼气：收回

（四）平板支撑

弹簧使用：

1蓝或1黄：挑战腹部核心稳定性。（发力感受：20%～40%）

1红或以上重量：练习上肢稳定性与臀腿力量。（发力感受：60%～80%）

- **起始位置：**四肢支撑，头部朝向脚杆方向，脚跟紧贴肩托，脚趾尽量放在滑板上，双手握住脚杆两侧，手腕与肩同宽，保持中立位，重心移至腹部与臀部发力为佳。

- **呼吸方式：**

①吸气：准备。

②呼气：保持中立位，蹬腿伸直。

③吸气：骨盆稳定，重心向前移动。

④呼气：保持中立位，腹部带动双手向后推动。

⑤吸气：屈膝回到起始位。

- **建议练习次数：**8～12次（如感觉练习量不足，可适当增加次数）。

- **小工具使用：**

小砖头放在骶骨上，以感受骨盆的稳定。

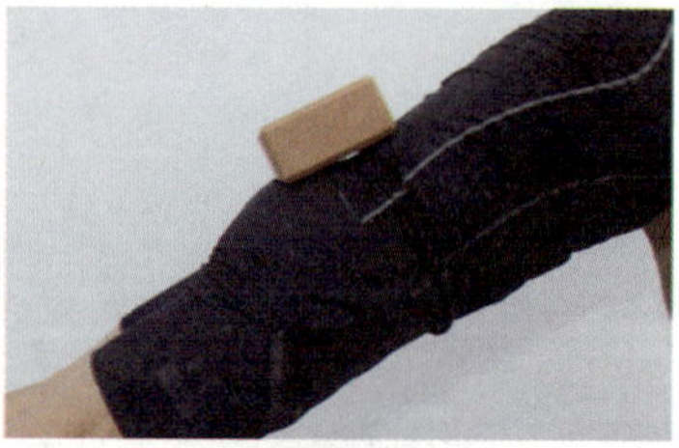
小砖头放在骶骨上

①吸气：准备

②呼气：蹬腿

③吸气：身体重心向前

④呼气：身体重心向后

⑤吸气：屈膝收回

注意事项

① 保持脊椎中立位。

② 如手腕压力过大，身体重心应放在腹部。

③ 当感到头晕时，应停下休息。

（五）弓形伸展（中级）

弹簧使用：

1红：提高髋关节与脊椎灵活度。

◆ **起始位置：** 四肢支撑，头部朝向脚杆方向，脚跟紧贴肩托，脚趾尽量放在滑板上，双手握住脚杆两侧，手腕与肩同宽，脊椎屈曲，把重心放在臀腿位置。

◆ **呼吸方式：**

①呼气：准备。

②吸气：身体回到中立位。

③呼气：身体稳定，髋部伸展。

④吸气：肩胛骨稳定，双手带动胸椎伸展。

⑤呼气：保持髋部与胸椎的伸展，双手把滑板向外推出。

⑥吸气：点头弓背，骨盆后倾，脊椎卷曲，带动髋部屈曲回到起始位。

◆ **建议练习次数：**8～12次（如感觉练习量不足，可适当增加次数）。

◆ **小工具使用：**

① 如脚跟没能很好地贴紧肩托，可用小软垫垫高膝盖，让脚踝能踏在肩托上。

② 膝盖跪在滑板上时，如感疼痛或其他不适，可垫上毛巾缓冲压力，如没有缓解，建议调整动作。

①呼气：准备

②吸气：回到中立位

③呼气：髋部伸展

④吸气：胸椎伸展

⑤呼气：呈弓形并推出滑板

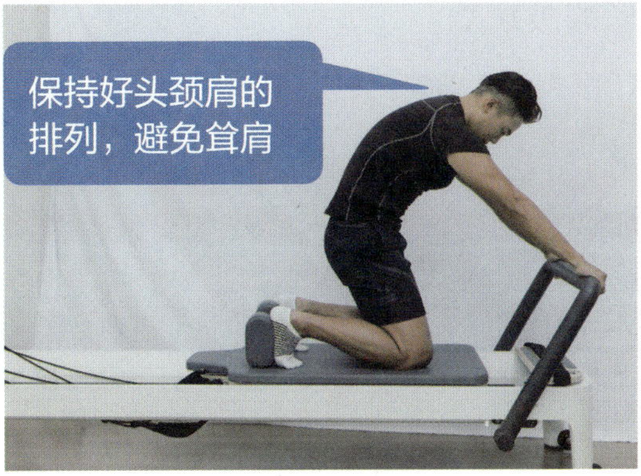

⑥吸气：收回

注意事项

① 头、颈、肩膀应全程跟随胸椎屈曲或伸展。

② 避免过度伸展脊椎和内收肩胛骨。

③ 如手腕压力过大，可把身体重心放在下肢。

10 十、坐姿与跪姿

（一）美人鱼

弹簧使用：

1蓝：锻炼核心的稳定性与脊椎灵活性。（发力感受：20%～40%）

1红：锻炼手臂力量与强化脊椎功能。（发力感受：60%～80%）

◆ **起始位置：**侧坐在滑板上，腿呈“Z”字形（靠近脚杆为外旋腿，靠近脚绳为内旋腿、贴住肩托），如两侧坐骨没能很好地坐在滑板上，建议垫高骨盆，让髋关节有足够空间，让骨盆在中立位。双手保持在肩胛面上，手放在脚杆与前方肩托上。

◆ **呼吸方式：**

· 脊椎灵活性练习

①吸气：准备。

②呼气：上抬手臂。

③吸气：尽量保持骨盆稳定，侧屈胸椎为主；
脚杆上的手通过手臂带动把滑板推开；
肩托上的手在肩胛面上打开举高至肩膀上方。

④呼气：保持骨盆稳定，滑板不动，扭转胸椎；
双手伸直用手臂“推”与“拉”的力量协助胸椎屈曲；
鼻子与胸骨尽量保持在身体的中轴上；
停留一个呼吸练习，让胸椎屈曲做后背呼吸。

⑤吸气：尽量保持骨盆与肩胛骨稳定，双手伸直“拉”回滑板到起始点，强化脊椎的伸展能力。

⑥呼气：弓背点头，脊椎做屈曲，骨盆稳定微推动滑板。

⑦吸气：后方脚杆上的手回到前方，扭转胸椎回到侧屈位置，上方的手举高至头顶上。

⑧呼气：慢慢把滑板带回，同时让身体回到中立位，双手保持在肩胛面。

⑨吸气：双手放下回到起始点。

⑩呼气：脚杆上的手上举到头顶。

⑪吸气：肩托上的手微往回拉，带动胸椎侧屈脚绳方向。

⑫呼气：身体回到中立位。

⑬吸气：双手放下回到起始点。

* 同动作呼吸进阶。

· 强化脊椎功能练习

①呼气：准备。

②吸气：上抬手臂。

③呼气：尽量保持骨盆稳定，侧屈胸椎为主；
脚杆上的手通过手臂带动把滑板推开；
肩托上的手在肩胛面上打开举高至肩膀上方。

④吸气：保持骨盆稳定，滑板不动，扭转胸椎；
双手伸直用“推”与“拉”的力量握在脚杆上，增加胸椎灵活性；
鼻子与胸骨尽量保持在身体的中轴上。

⑤呼气：尽量保持骨盆与肩胛骨稳定，双手伸直“拉”回滑板到起始点，强化脊椎的伸展能力。

⑥吸气：弓背点头，脊椎做屈曲，做后背式呼吸，骨盆稳定微推动滑板。

⑦呼气：后方脚杆上的手回到前方，扭转胸椎回到侧屈位置，上方的手举高至头顶上。

⑧吸气：慢慢把滑板带回，同时让身体回到中立位，双手保持在肩胛面。

⑨呼气：双手放下回到起始点。

⑩吸气：脚杆上的手上举到头顶。

⑪呼气：肩托上的手微往回拉，带动胸椎侧屈脚绳方向。

⑫吸气：身体回到中立位。

⑬呼气：双手放下回到起始点。

◆ **建议练习次数：** 单侧5～8次（如感觉练习量不足，可适当增加次数）。

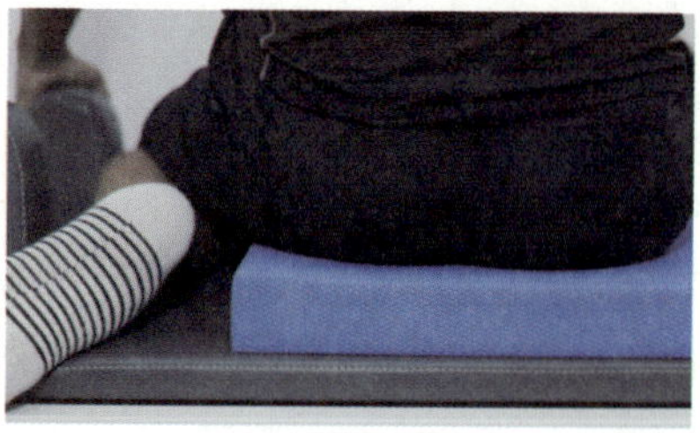

小软垫垫高

◆ **小工具使用：**

骨盆会旋前或旋后，主要是因为髋关节灵活性不足，用小软垫垫高坐骨，能有效地让骨盆在中立位完成。

①吸气：准备

②呼气：上抬手

③吸气：侧屈胸椎

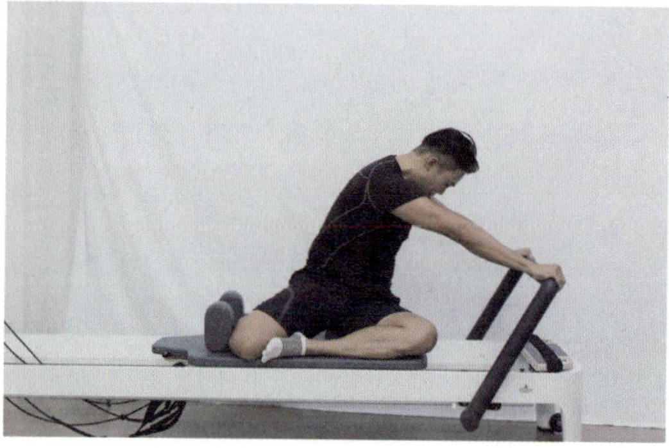

④呼气：扭转胸椎

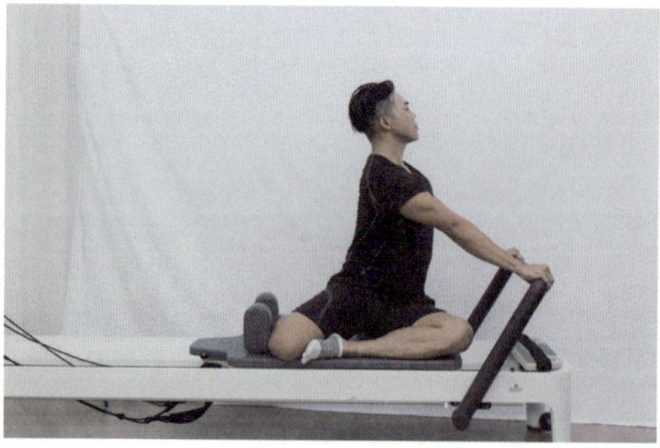

⑤吸气：伸展胸椎

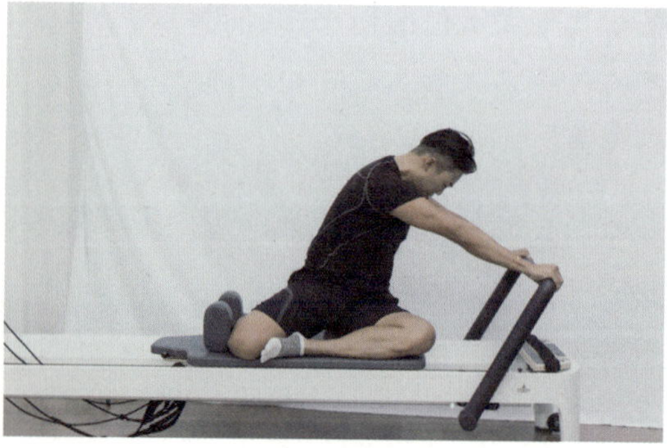

⑥呼气：屈曲脊椎

⑦吸气：侧屈胸椎

⑧呼气：收回

⑨吸气：手放下

⑩呼气：手抬起

⑪吸气：侧屈胸椎

⑫呼气：回到中立位

⑬吸气：手放下

注意事项

① 头、颈、肩膀应全程跟随胸椎屈曲或伸展。

② 骨盆容易出现旋前或旋后的情况，如不稳须垫高坐骨。

③ 如感觉手腕压力过大，检查弹簧阻力是否过大。

（二）后背练习

（1）划船

弹簧使用：

1蓝或1黄：锻炼核心控制能力与肩关节灵活性。（发力感受：20%～40%）

1红或以上重量：锻炼背部与手臂力量。（发力感受：60%～80%）

◆ **起始位置：**身体朝向脚绳方向，双手置于身体两侧，保持身体中立位，双手向前伸出约30度。

◆ **呼吸方式：**

· 核心控制能力与肩关节灵活性练习

①呼气：准备。

②吸气：保持骨盆与肩胛骨稳定，胸椎微伸展，手臂带动肩关节活动。

③呼气：手臂带动回到起始位。

* 同动作呼吸进阶。

· 背部与手臂力量练习

①呼气：准备。

②吸气：保持骨盆与肩胛骨稳定，手臂带动背部力量向后拉动。

③呼气：手臂带动回到起始位。

◆ **建议练习次数：**8～12次（如感觉练习量不足，可适当增加次数）。

◆ **小工具使用：**

① 练习中如骨盆没能很好地稳定，可在大腿内侧夹小球，能有效提升骨盆稳定性与核心肌群力量。

② 在滑板坐姿上，若骨盆与脊椎没能在中立位上开始动作，建议退阶坐在箱子（箱子竖放）上完成动作。

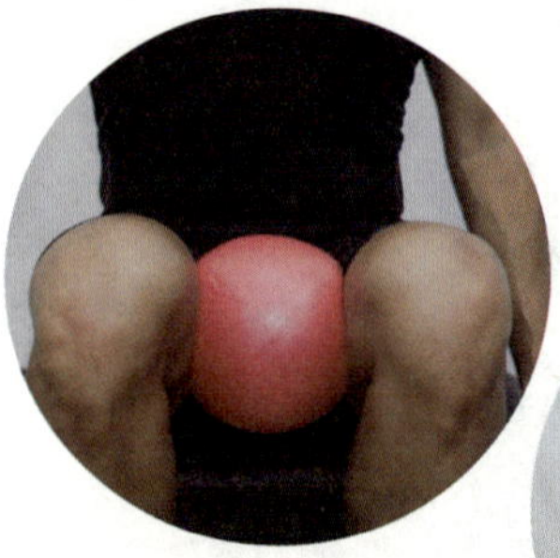

夹小球

箱子竖放

注意事项

① 在起始位上，如骨盆没能在中立位，建议垫高骨盆。

② 如在练习中感到腰部不适，留意是否有骨盆前倾和肋骨前移的情况。

③ 练习中，尽量放松肩膀，保持肩胛骨稳定，避免耸肩或沉肩。

①呼气：准备

②吸气：后拉

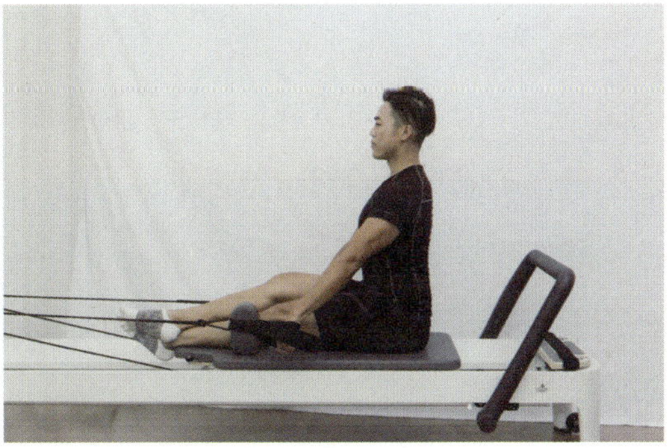
③呼气：收回

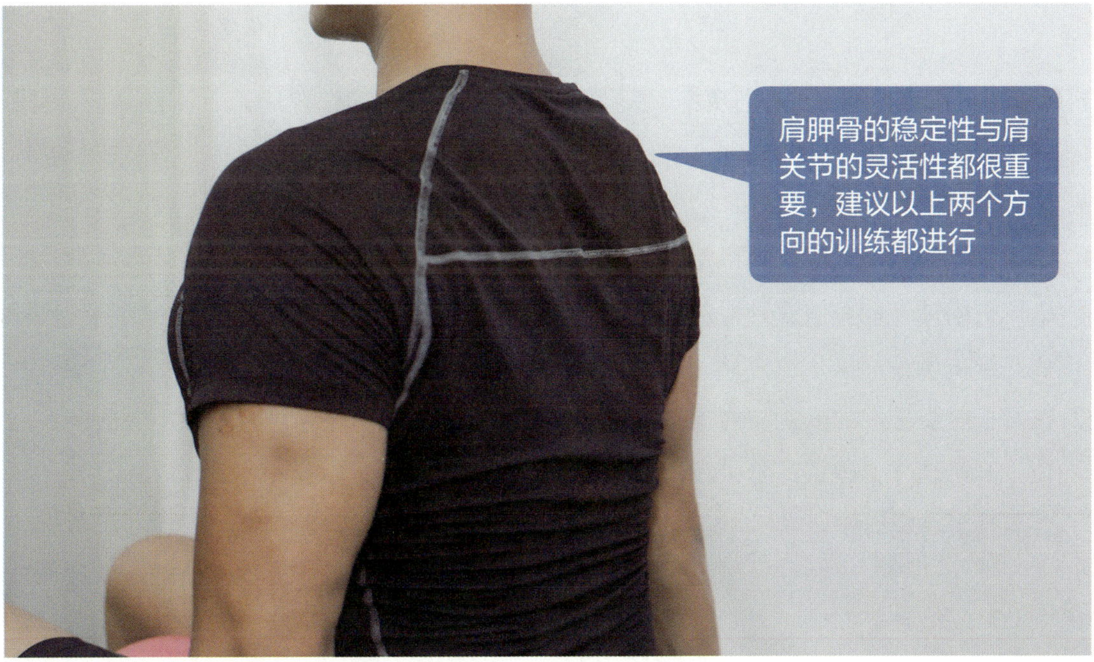

特写

（2）飞翔

弹簧使用：

1蓝或1黄：锻炼核心控制能力与肩关节灵活性。（发力感受：20%~40%）

1红或以上重量：锻炼背部与手臂力量。（发力感受：60%~80%）

◆ **起始位置：**身体朝向脚绳方向，双手侧向打开到45度，保持骨盆中立位。

◆ **呼吸方式：**

· 核心控制能力与肩关节灵活性练习

①呼气：准备。

②吸气：保持骨盆与肩胛骨稳定，胸椎微伸展，手臂带动肩关节活动。

③呼气：手臂带动回到起始位。

*同动作呼吸进阶。

· 背部与手臂力量练习

①呼气：准备。

②吸气：保持骨盆与肩胛骨稳定，手臂带动背部力量向后拉动。

③呼气：手臂带动回到起始位。

◆ **建议练习次数：**8~12次（如感觉练习量不足，可适当增加次数）。

◆ **小工具使用：**

① 练习中如骨盆没能很好地稳定，可在大腿内侧夹小球，能有效提升骨盆稳定性与核心肌群力量。

② 在滑板坐姿上，如骨盆与脊椎没能在中立位上开始动作，建议退阶坐在箱子（箱子竖放）上完成动作。

注意事项

① 在起始位上，如骨盆没能在中立位，建议垫高骨盆。

② 如在练习中感到腰部不适，留意是否有骨盆前倾和肋骨前移的情况。

③ 练习后拉时，保持肩胛骨稳定，尽量放松肩膀，肱骨微外旋，易找到手臂发力感。

①呼气：准备

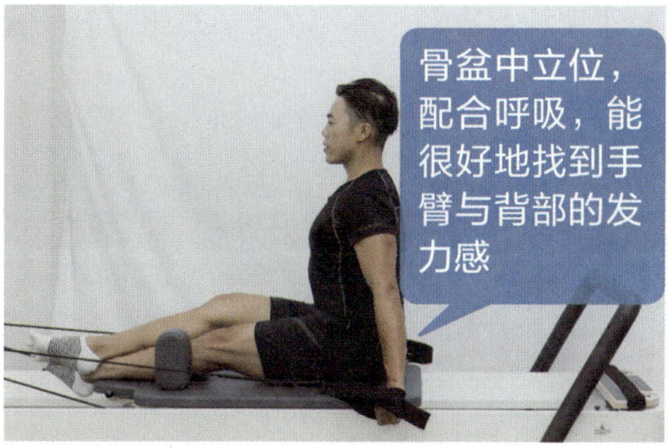

②吸气：后拉

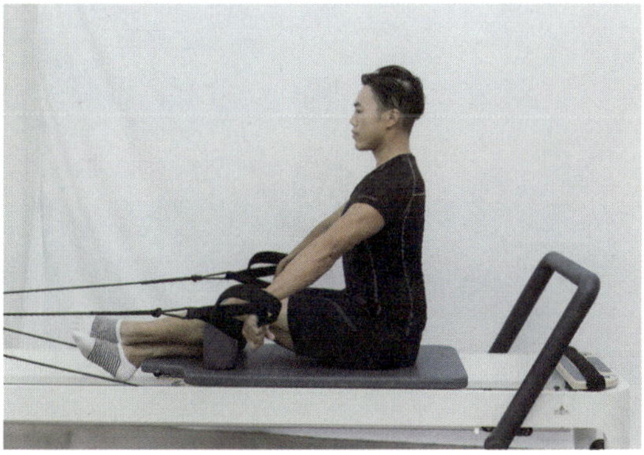

③呼气：回收

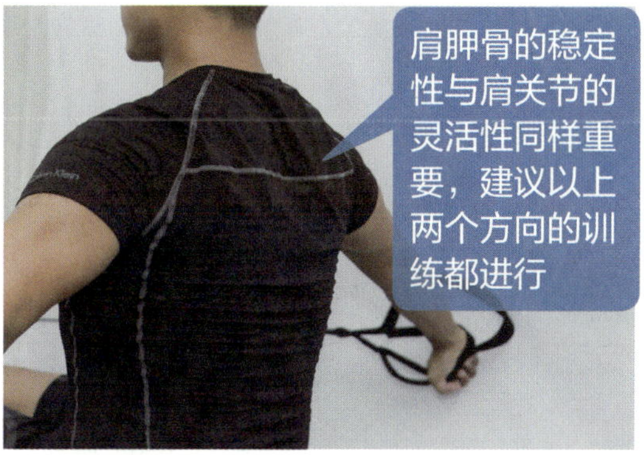

特写

（3）三头肌练习

弹簧使用：

1黄：增强身体协调性，提升肩关节灵活度。（发力感受：20%~40%）

1蓝1红或以上重量：提升核心稳定性，锻炼背部与手臂力量。（发力感受：40%~80%）

◆ **起始位置：**身体朝向脚绳方向，屈臂，手肘贴在身体两侧保持稳定，保持骨盆中立位。

◆ **呼吸方式：**

①吸气：准备。

②呼气：保持骨盆与肩胛骨稳定，手肘稳定，手臂向后拉动。

③吸气：手臂带动回到起始位。

◆ **建议练习次数：** 8～12次（如感觉练习量不足，可适当增加次数）。

◆ **小工具使用：**

① 练习中如骨盆没能很好地稳定，可在大腿内侧夹小球，能有效提升骨盆稳定性与核心肌群力量。

② 在滑板坐姿上，如骨盆与脊椎没能在中立位上开始动作，建议退阶坐在箱子（箱子竖放）上完成动作。

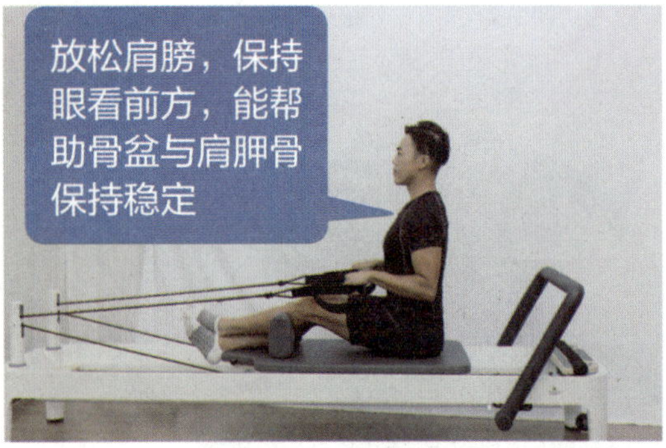

①吸气：准备

②呼气：后拉

③吸气：收回

注意事项

① 在起始位上，如骨盆没能在中立位，建议垫高骨盆。

② 如在练习中感到腰部不适，留意是否有骨盆前倾和肋骨前移的情况。

③ 练习中，尽量放松肩膀，保持肩胛骨稳定，避免耸肩或沉肩。

（4）二头肌练习

弹簧使用：

1黄：增强身体协调性，提升肩关节灵活度。（发力感受：20%～40%）

1蓝1红或以上重量：锻炼核心稳定性与上肢力量。（发力感受：20%～40%）

◆ **起始位置：** 身体朝向脚绳方向，双手向前抬起与肩同宽，保持骨盆中立位。

◆ **呼吸方式：**

①吸气：准备。

②呼气：保持骨盆与肩胛骨稳定，手肘稳定，双手拉动靠近两侧耳朵。

③吸气：手臂带动回到起始位。

◆ **建议练习次数：**8～12次（如感觉练习量不足，可适当增加次数）。

◆ **小工具使用：**

① 练习中如骨盆没能很好地稳定，可在大腿内侧夹小球，能有效提升骨盆稳定性与核心肌群力量。

② 在滑板坐姿上，如骨盆与脊椎没能在中立位上开始动作，建议退阶坐在箱子（箱子竖放）上完成动作。

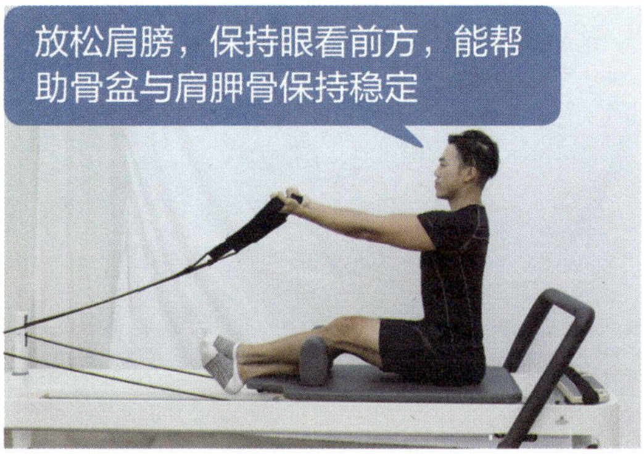

①吸气：准备

②呼气：拉回

③吸气：收回

注意事项

① 在起始位上，如骨盆没能在中立位，建议垫高骨盆。

② 如在练习中感到腰部不适，留意是否有骨盆失衡或重心向后的情况。

③ 练习中，尽量放松肩膀，保持肩胛骨稳定，避免耸肩或沉肩。

（三）背部强化

（1）后拉

弹簧使用：

1蓝或1黄：锻炼核心控制能力与肩关节灵活性。（发力感受：20%～40%）

1红或以上重量：锻炼背部与手臂力量。（发力感受：60%～80%）

◆ **起始位置：**身体朝向脚绳方向，跪在滑板上，双膝贴在肩托上，双手握着手绳向前举起约30度，保持骨盆中立位。

◆ **呼吸方式：**

· 背部与手臂力量练习

①吸气：准备。

②呼气：保持骨盆与肩胛骨稳定，手臂带动背部力量向后拉动。

③吸气：手臂带动回到起始位。

* 同动作呼吸进阶。

· 控制腹部与提升肩关节灵活度练习

①呼气：准备。

②吸气：保持骨盆与肩胛骨稳定，胸椎微伸展，手臂带动向后拉。

③呼气：手臂带动回到起始位。

◆ **建议练习次数：**8～12次（如感觉练习量不足，可适当增加次数）

◆ **小工具使用：**

① 练习中如骨盆没能很好地稳定，可在大腿内侧夹小球，能有效提升骨盆稳定性与核心肌群力量。

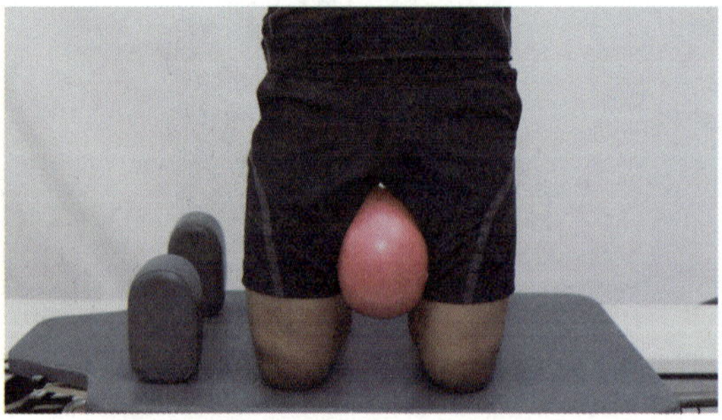

大腿内侧夹小球

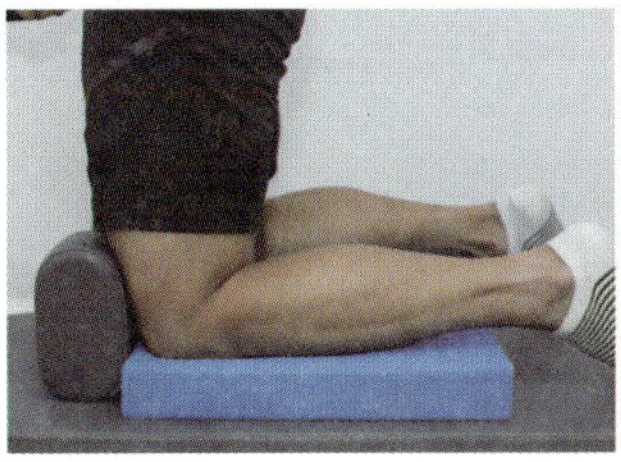

跪姿

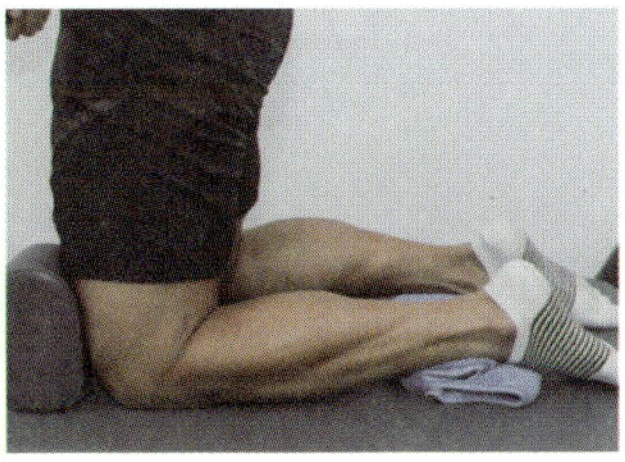

毛巾垫起

② 如采用跪姿时膝盖有不适，可用毛巾垫起。如没有改善，先调整下肢排列。若身体不稳，脚背没能贴住滑板，可把毛巾卷起，让脚背贴紧。

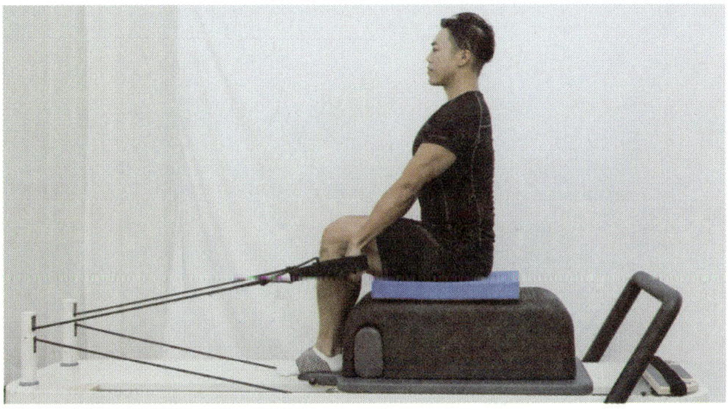

箱子竖放

③ 若在滑板坐姿上，骨盆与脊椎没能在中立位上开始动作，建议退阶坐在箱子（箱子竖放）上完成动作。

①吸气：准备

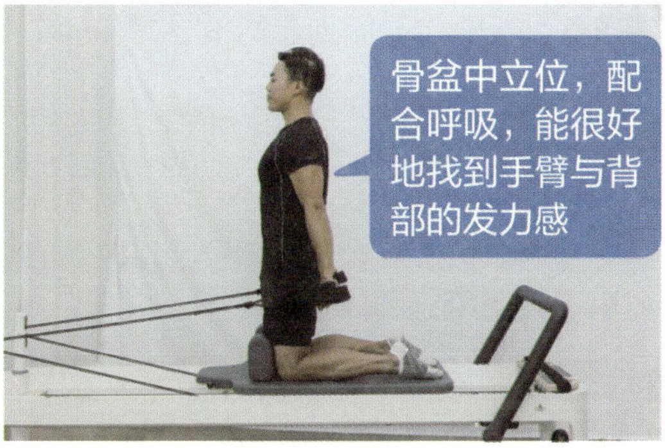

②呼气：后拉

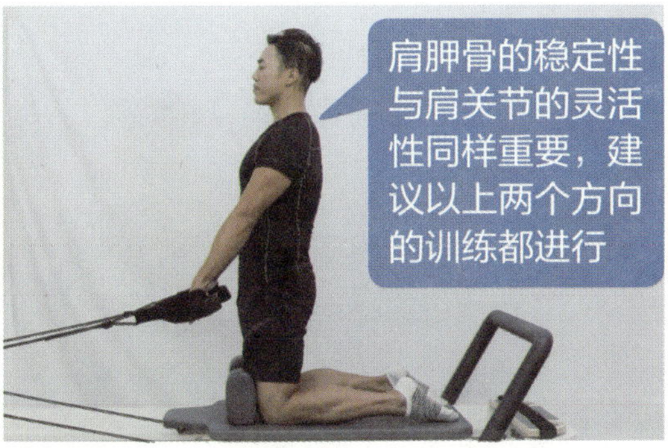

③吸气：收回

注意事项

① 在起始位上，维持身体平衡，尽量从中立位开始。

② 如在练习中感到腰部不适，留意是否有骨盆前倾和肋骨前移的情况。

③ 练习中，尽量放松肩膀，保持肩胛骨稳定，避免耸肩或沉肩。

（2）协调练习

弹簧使用：

1蓝或1黄：强化核心控制能力与调整上肢排列。（发力感受：40%～60%）

◆ **起始位置：**身体朝向脚绳方向，跪在滑板上，双膝贴在肩托上，双手握着手绳向前举起约30度，保持骨盆中立位。

◆ **呼吸方式：**

①吸气：准备。

②呼气：保持骨盆与肩胛骨稳定，胸椎微伸展，手臂带动向后拉。

③吸气：保持耳垂在肩膀正上方，头侧向一边。

④呼气：头转回中立位。

⑤吸气：头侧向另一边。

⑥呼气：头转回中立位。

⑦吸气：手臂带动回到起始位。

◆ **建议练习次数：**5～8次（如感觉练习量不足，可适当增加次数）。

◆ **小工具使用：**

① 练习中如骨盆没能很好地稳定，可在大腿内侧夹小球，能有效提升骨盆稳定性与核心肌群力量。

② 如采用跪姿时膝盖有不适，可用毛巾垫起。如没有改善，先调整下肢排列。若身体不稳，脚背没能贴住滑板，可把毛巾卷起，让脚背贴紧。

③ 若在滑板坐姿上，骨盆与脊椎没能在中立位上开始动作，建议退阶坐在箱子（箱子竖放）上完成动作。

注意事项

① 在起始位上，维持身体平衡，尽量从中立位开始。

② 如在练习中感到腰部不适，留意是否有骨盆前倾和肋骨前移的情况。

③ 练习中，尽量放松肩膀，保持肩胛骨稳定，避免耸肩或沉肩。

①吸气：准备

②呼气：后拉

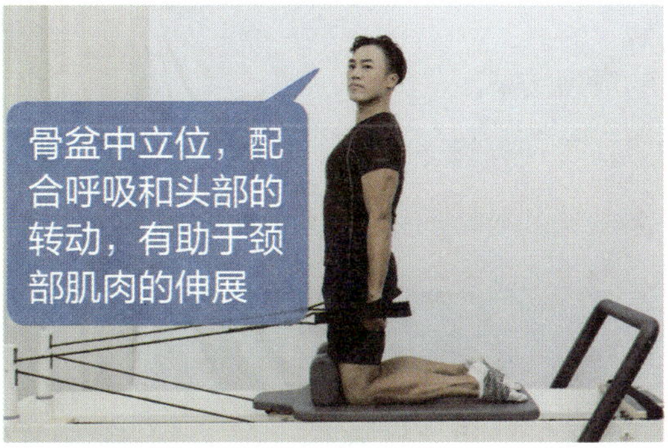

③吸气：转头

④呼气：转回

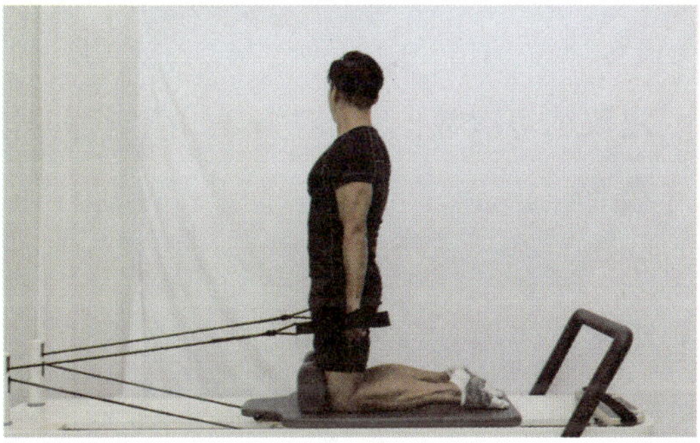

⑤吸气：头转向另一侧

⑥呼气：转回

⑦吸气：收回

（四）后卷练习

（1）卷腹

弹簧使用：

1蓝或1黄：锻炼身体核心控制能力。（发力感受：20%～60%）

◆ **起始位置：**坐在滑板上，身体朝向脚绳方向，在滑板上预留骶骨的空间（防止因重心不稳向后倒下），保持骨盆中立位，双手紧握手绳，抬起与肩同宽，掌心相对。

◆ **呼吸方式：**

①吸气：准备。

②呼气：眼看前方，骨盆后倾逐节向后卷动；

双手拉回到胸前；

脊椎屈曲，后背式呼吸。

③吸气：保持脊椎屈曲向前卷动，重心回到坐骨中央。

④呼气：身体卷起，双手向前，回到起始位。

◆ **建议练习次数：**8～12次（如感觉练习量不足，可适当增加次数）。

◆ **小工具使用：**

如起始点上骨盆不在中立位，建议用小软垫垫高。

小软垫垫高

①吸气：准备

②呼气：后卷

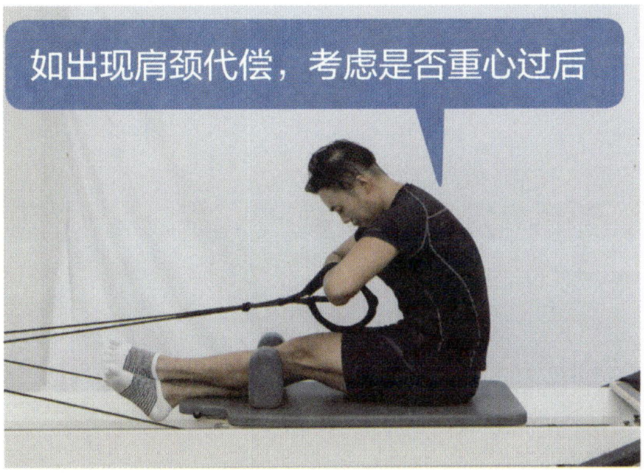

③吸气：前卷

④呼气：回到起始点

注意事项

① 如有腰椎间盘突出，不建议练习该动作。

② 如有腰肌劳损，考虑是否臀腿力量不足，是否过度使用腹式呼吸或胸椎灵活性不足。

③ 练习中，尽量放松肩膀，保持肩胛骨稳定，避免耸肩或沉肩。

（2）卷腹和手臂练习

弹簧使用：

1蓝或1黄：锻炼身体核心控制能力。（发力感受：20%～60%）

◆ **起始位置：**坐在滑板上，身体朝向脚绳方向，在滑板边缘预留骶骨的空间，保持骨盆中立位，双手紧握手绳，抬起，掌心向上与肩同宽。

◆ **呼吸方式：**

①吸气：准备。

②呼气：眼看前方，骨盆后倾逐节向后卷动；双手拉动手绳，尽量拉到耳朵两侧。

③吸气：身体稳定，双手向前。

④呼气：双手拉动手绳，拉到耳朵两侧；脊椎屈曲，后背式呼吸。

注意事项

① 如有腰椎间盘突出，不建议练习该动作。

② 如有腰肌劳损，考虑是否臀腿力量不足，是否过度使用腹式呼吸或胸椎灵活性不足。

⑤吸气：保持脊椎屈曲向前卷动，重心回到坐骨中央。

⑥呼气：身体卷起，双手向前，回到起始位。

◆ **建议练习次数：**8～12次（如感觉练习量不足，可适当增加次数）。

◆ **小工具使用：**

小软垫。如起始点上骨盆不在中立位时，建议垫高。

①吸气：准备

②呼气：后卷

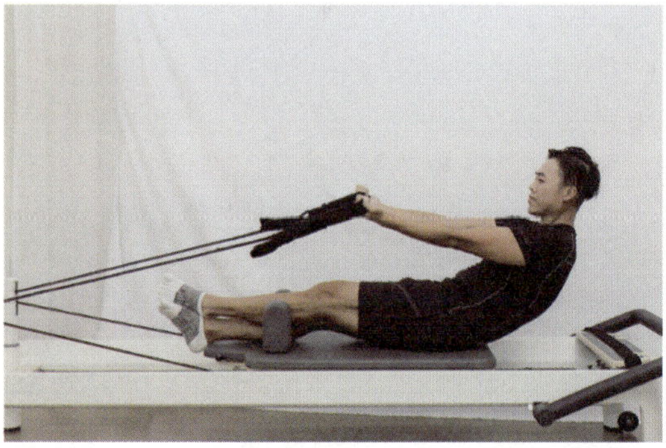

③吸气：双手向前

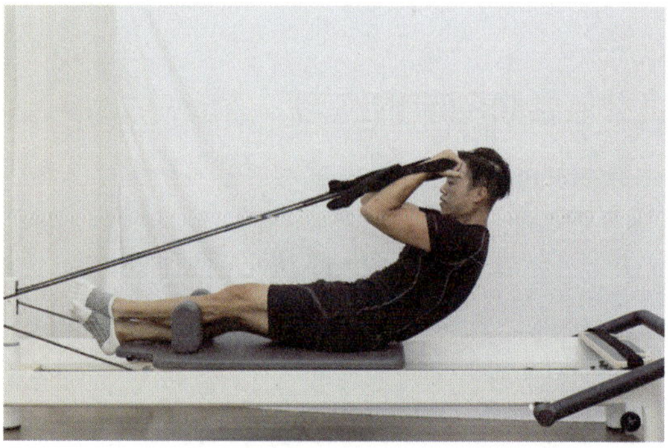

④呼气：双手拉回

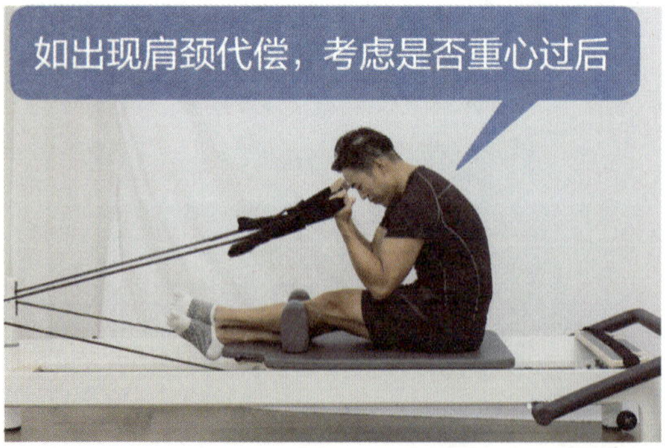

⑤吸气：前卷

⑥呼气：回收到起始点

（3）卷腹和扭转

弹簧使用：

1蓝或1黄：锻炼身体核心稳定性与脊椎（主要是胸椎段）灵活性。（发力感受：20%～60%）

◆ **起始位置：**坐在滑板上，身体朝向脚绳方向，在滑板边缘预留骶骨的空间，保持骨盆中立位，双手紧握手绳，抬起与肩同宽，掌心相对。

◆ **呼吸方式：**

①吸气：准备。

②呼气：眼看前方，骨盆后倾逐节向后卷动；双手拉回到胸前。

③吸气：滑板不动，胸椎扭转约45度，手臂外旋打开。

④呼气：滑板不动，胸椎扭转回中轴，屈肘双手收回。

⑤吸气：转向另外一侧，滑板不动，胸椎扭转约45度，手臂外旋打开。

⑥呼气：滑板不动，胸椎扭转回中轴，屈肘双手收回。

⑦吸气：保持脊椎屈曲向前卷动，重心回到坐骨中央。

⑧呼气：身体卷起，双手向前，掌心相对，回到起始位。

◆ **建议练习次数：**单侧5～8次（如感觉练习量不足，可适当增加次数）。

◆ **小工具使用：**

如起始点上骨盆不在中立位，建议用小软垫垫高。

注意事项

① 如有腰椎间盘突出，不建议练习该动作。

② 如有腰肌劳损，考虑是否臀腿力量不足，是否过度使用腹式呼吸或胸椎灵活性不足。

③ 练习中，尽量放松肩膀，保持肩胛骨稳定，避免耸肩或沉肩。

①吸气：准备

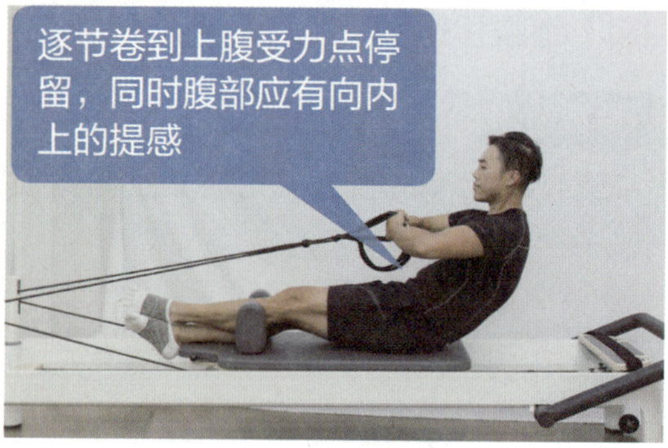

②呼气：后卷

③吸气：扭转

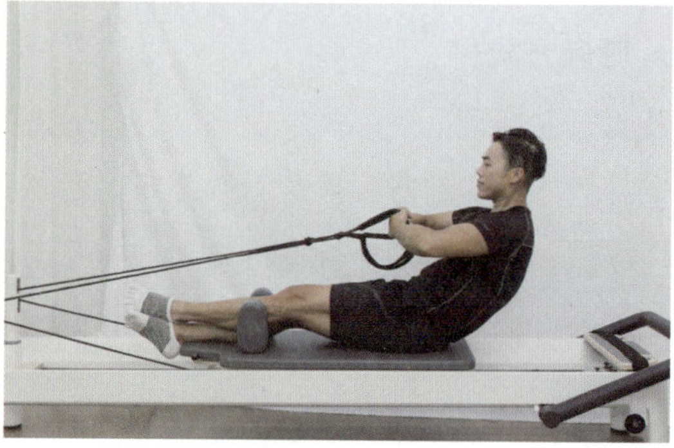

④呼气：收回

⑤吸气：扭转到另一侧

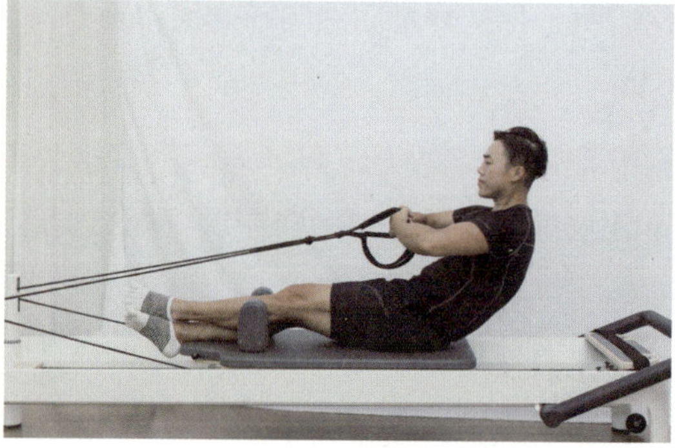

⑥呼气：收回

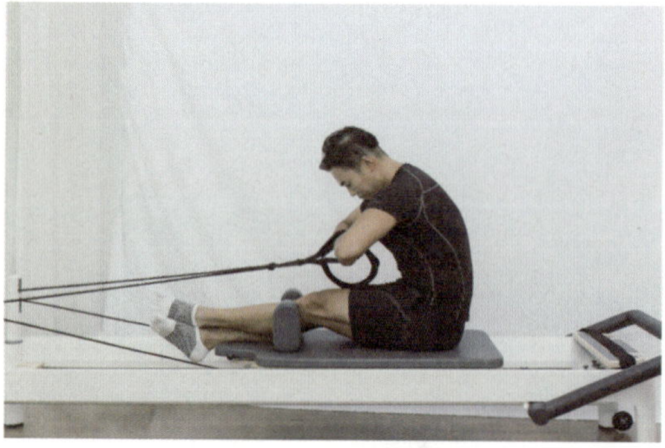

⑦吸气：前卷

⑧呼气：回到起始点

（4）飞翔（中级）

弹簧使用：

1蓝或1黄：锻炼身体核心稳定性。（发力感受：20%~60%）

◆ **起始位置：** 坐在滑板上，身体朝向脚绳方向，在滑板边缘预留骶骨的空间，保持骨盆中立位，双手紧握手绳，抬起与肩同宽，掌心相对。

◆ **呼吸方式：**

①吸气：准备。

②呼气：眼看前方，骨盆后倾逐节向后卷动；双手拉回到胸前。

③吸气：脊椎屈曲，后背式呼吸；

呼气：滑板稳定，两手向下撑，手臂微内旋在滑板两侧。

④吸气：准备；

呼气：脊椎屈曲向前卷动，重心尽量回到坐骨中央，同时掌心向上，双手抬起，与肩同高。

⑤吸气：两手展开，肩胛骨上回旋，回到耳朵两侧。

⑥呼气：旋转手臂，身体卷起，双手向前，掌心相对，回到起始位。

◆ **建议练习次数：** 5~8次（如感觉练习量不足，可适当增加次数）。

◆ **小工具使用：**

如起始点上骨盆不在中立位，建议用小软垫垫高。

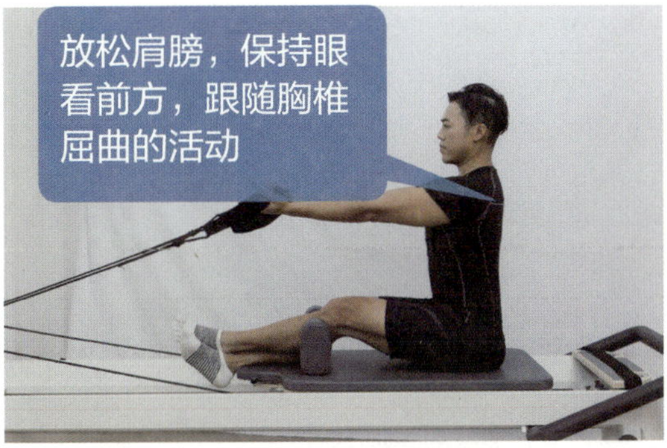

①吸气：准备

②呼气：后卷

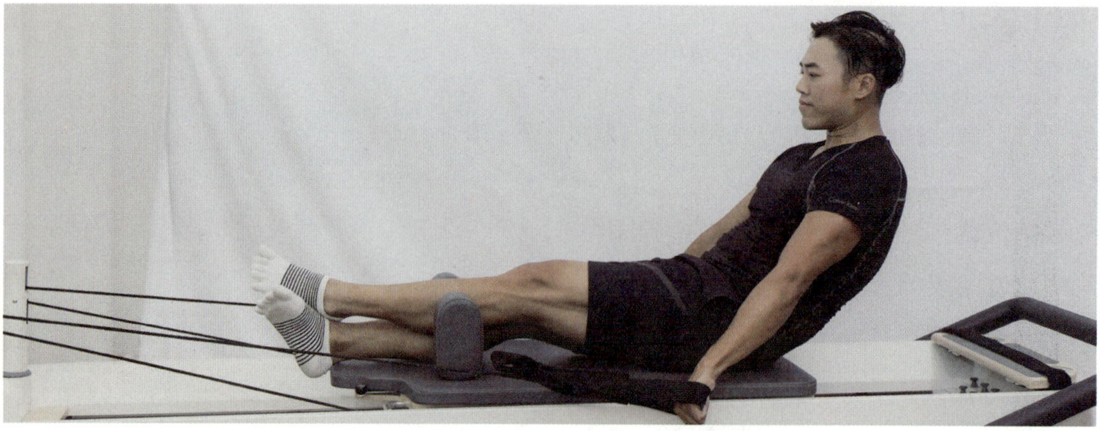

③吸气：脊椎屈曲；呼气：双手下压

④吸气：准备；呼气：前卷加双手上抬

⑤吸气：双手上回旋

⑥呼气：收回

注意事项

① 如有腰椎间盘突出，不建议练习该动作。

② 如肩关节感觉疼痛或其他不适，建议停止练习。

③ 如有腰肌劳损，考虑是否臀腿力量不足，是否过度使用腹式呼吸或胸椎灵活性不足。

④ 练习中，尽量放松肩膀，保持肩胛骨稳定，避免耸肩或沉肩。

（五）胸椎扭转

弹簧使用：

1蓝或1黄：锻炼核心控制能力与胸椎灵活性。（发力感受：20%~40%）

1红或以上重量：强化单侧肋骨。（发力感受：40%~60%）

◆ **起始位置：**箱子竖放，侧坐在箱子上，双手握手绳举起在胸前，保持骨盆中立位。

◆ **呼吸方式：**

· 强化单侧肋骨练习

①吸气：准备。

②呼气：保持中立位，骨盆与肩胛骨保持稳定，扭转胸椎。

③吸气：手臂有控制地慢慢带动胸椎，回到起始位。

* 同动作呼吸进阶。

· 核心控制能力与胸椎灵活性练习

①呼气：准备。

②吸气：保持中立位，骨盆与肩胛骨保持稳定，扭转胸椎。

③呼气：手臂有控制地慢慢带动胸椎，回到起始位。

◆ **建议练习次数：**8~12次（如感觉练习量不足，可适当增加次数）。

◆ **小工具使用：**

① 练习中如骨盆没能很好地稳定，可在大腿内侧夹小球，能有效提升骨盆稳定性与核心肌群力量。

② 双手拉动手绳时，魔术圈可帮助肩胛骨稳定浮贴在胸廓，起到稳定作用。

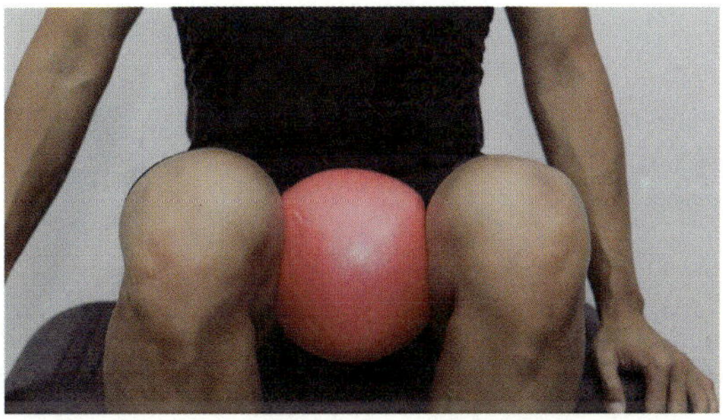

大腿内侧夹小球

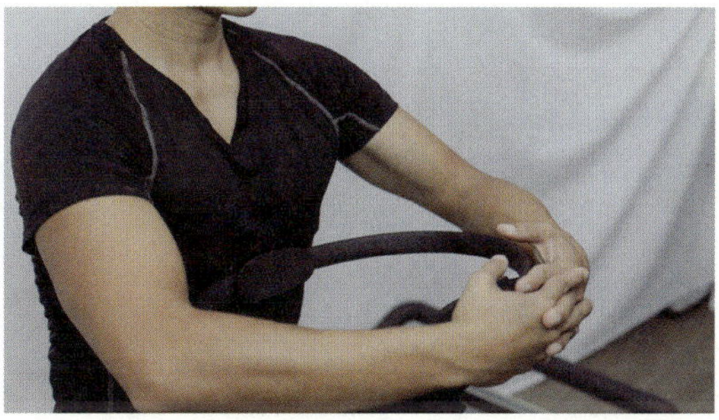

使用魔术圈

- **进阶：**跪姿，如膝盖疼痛不建议这样练习，如骨盆难以保持平衡，可使用小球辅助。

跪姿

①吸气：准备

②呼气：扭转胸椎

③吸气：收回

注意事项

① 在起始位上，保持鼻子、胸骨、骨盆中立位。

② 如在练习中感到腰部不适，留意是否有骨盆前倾和肋骨前移的情况。

③ 练习中，尽量放松肩膀，保持肩胛骨稳定，避免耸肩或沉肩。

（六）坐姿卷腹

（1）向后卷动

弹簧使用：

全弹簧：锻炼脊椎灵活度与身体核心控制能力。（发力感受：20%～60%）

- **起始位置：**箱子竖放，坐在箱子上，身体朝向脚杆方向，在滑板边缘预留骶骨的空间，双脚脚背微勾住脚套，防止训练中重心不稳，保持骨盆中立位，双手握着棍子抬起，手腕比肩略宽。

◆ **呼吸方式：**

①吸气：准备。

②呼气：眼看前方，骨盆后倾逐节向后卷动。

③吸气：脊椎屈曲，后背式呼吸；

身体稳定，双手抬起到额头上方。

④呼气：脊椎屈曲向前卷动，重心回到坐骨中央。

⑤吸气：身体卷起，双手向前，回到起始位。

◆ **建议练习次数：** 8～12次（如感觉练习量不足，可适当增加次数）。

◆ **小工具使用：**

练习中如骨盆没能很好地稳定，可在大腿内侧夹小球，能有效提升骨盆稳定性与核心肌群力量。

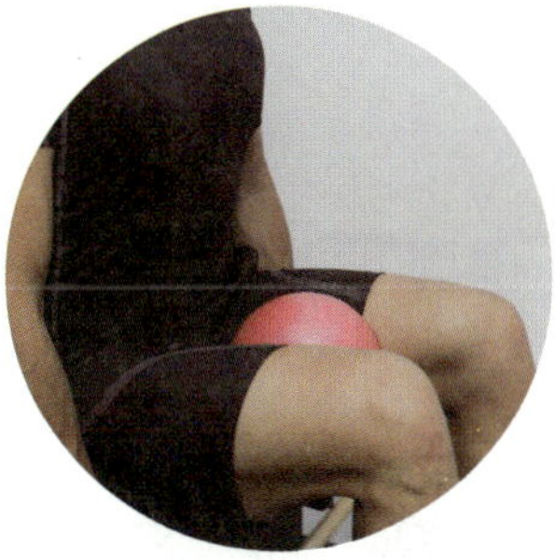

大腿内侧夹小球

①吸气：准备

②呼气：后卷

③吸气：双手上抬

④呼气：前卷

⑤吸气：回到中立位

注意事项

① 如有腰椎间盘突出，不建议练习该动作，可以从脊椎矫正器械开始练习。

② 如出现腰部不适，考虑是否大腿后侧力量不足或胸椎灵活性不够。

③ 练习中，尽量放松肩膀，保持肩胛骨稳定，避免耸肩或沉肩。

（2）直背挑战

弹簧使用：

全弹簧：锻炼核心控制能力。（发力感受：20%~60%）

◆ **起始位置：**箱子竖放，坐在箱子上，身体朝向脚杆方向，在滑板边缘预留骶骨的空间，双脚脚背微勾住脚套，防止训练中重心不稳，保持骨盆中立位，双手握着棍子抬起，手腕与肩同宽。

◆ **呼吸方式：**

· 提升脊椎伸展度练习

①呼气：眼看前方，保持中立位。

②吸气：控制身体，骨盆与脊椎同时向后倒向可控制范围内。

③呼气：保持中立位，重心回到坐骨中央。

* 同动作呼吸进阶。

· 强化身体核心力量练习

①吸气：眼看前方，保持中立位。

②呼气：控制身体，骨盆与脊椎同时向后倒。

③吸气：保持中立位，回到坐骨中央。

注意事项

① 如有腰椎间盘突出，不建议练习该动作。

② 如出现腰部不适，可能是腰椎压力过大，考虑调整下肢力量，提升脊椎灵活度与核心稳定性。

③ 练习中，尽量放松肩膀，保持肩胛骨稳定，避免耸肩或沉肩。

◆ **建议练习次数：** 5～8次（如感觉练习量不足，可适当增加次数）。

◆ **小工具使用：**

练习中如骨盆没能很好地稳定，可在大腿内侧夹小球，能有效提升骨盆稳定性与核心肌群力量。

①呼气：准备

②吸气：直背向后

③呼气：收回

（3）扭转

弹簧使用：

全弹簧：锻炼核心控制能力与脊椎灵活性，以胸椎段为主。（发力感受：20%～60%）

◆ **起始位置：** 箱子竖放，坐在箱子上，身体朝向脚杆方向，在滑板边缘预留骶骨的空间，双脚脚背微勾住脚套，防止训练中重心不稳，保持骨盆中立位，双手握着棍子抬起，手腕比肩略宽。

◆ **呼吸方式：**

①吸气：准备。

②呼气：眼看前方，骨盆后倾，逐节向后卷动。

③吸气：双手抬起举到额头上方。

④呼气：稳定核心，胸椎扭转约45度。

⑤吸气：胸椎扭转回中轴。

⑥呼气：转向另外一侧，胸椎扭转约45度。

⑦吸气：胸椎扭转回中轴。

⑧呼气：保持脊椎屈曲，向前卷动，重心回到坐骨中央。

⑨吸气：身体卷起，双手向前，回到中立位。

◆ **建议练习次数：**8～12次（如感觉练习量不足，可适当增加次数）。

◆ **小工具使用：**

练习中如骨盆没能很好地稳定，可在大腿内侧夹小球，能有效提升骨盆稳定性与核心肌群力量。

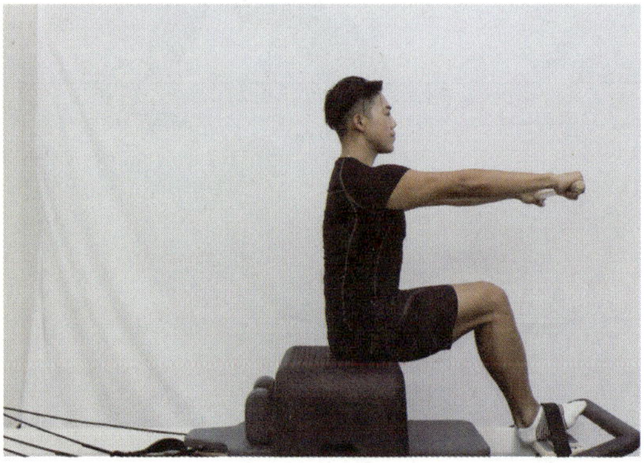

①吸气：准备

②呼气：后卷

③吸气：双手抬起

④呼气：扭转胸椎

⑤吸气：转回

⑥呼气：扭转到另一侧

⑦吸气：转回

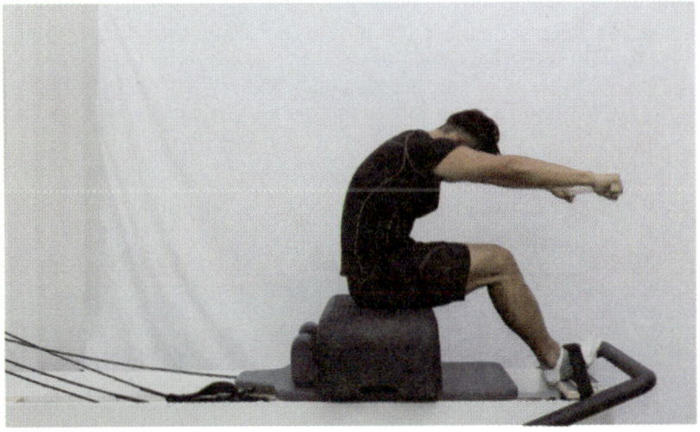
⑧呼气：前卷

⑨吸气：回到中立位

注意事项

① 如有腰椎间盘突出，不建议练习该动作，可以先从脊椎矫正器械开始练习。

② 如出现腰肌不适，考虑是否大腿后侧力量不足或胸椎灵活性不够。

③ 练习中，尽量放松肩膀，保持肩胛骨稳定，避免耸肩或沉肩。

（七）手臂强化系列

（1）外旋

弹簧使用：

1蓝或1黄：锻炼核心控制能力与肩关节灵活性。（发力感受：20%~40%）

1红或以上重量：强化手臂与背部力量。（发力感受：60%~80%）

◆ **起始位置：**箱子竖放，侧坐在箱子上，保持骨盆中立位，靠近脚杆的单侧手握手绳。保持肩胛骨稳定，手臂垂直屈肘呈90度，掌心向上。

◆ **呼吸方式：**

· 强化手臂与背部力量练习

①吸气：准备。

②呼气：保持中立位，骨盆与肩胛骨保持稳定，手臂外旋45~60度。

③吸气：手臂有控制地慢慢带动，回到起始位。

* 同动作呼吸进阶。

· 核心控制能力与肩关节灵活性练习

①呼气：准备。

②吸气：保持中立位，骨盆与肩胛骨保持稳定，手臂外旋45~60度。

③呼气：手臂有控制地慢慢带动，回到起始位。

◆ **建议练习次数：**单侧8~12次（如感觉练习量不足，可适当增加次数）。

◆ **进阶：**以跪姿进行练习，如膝盖疼痛，不建议练习该动作。

◆ **小工具使用：**

练习中如骨盆没能很好地稳定，可在大腿内侧夹小球，能有效提升骨盆稳定性与核心肌群力量。

跪姿练习

大腿内侧夹小球

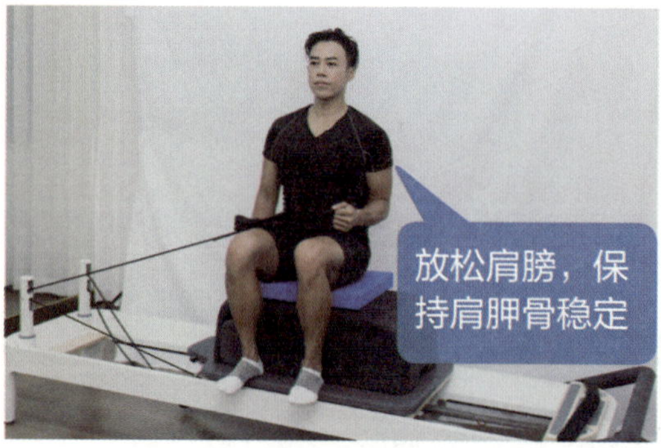

①吸气：准备

②呼气：手臂外旋

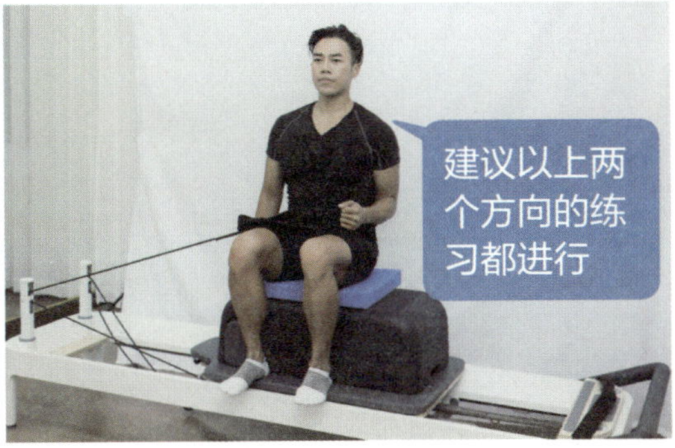

③吸气：收回

注意事项

① 在起始位上，保持鼻子、胸骨、骨盆中立位。

② 练习中，尽量放松肩膀，保持肩胛骨稳定，避免耸肩或沉肩。

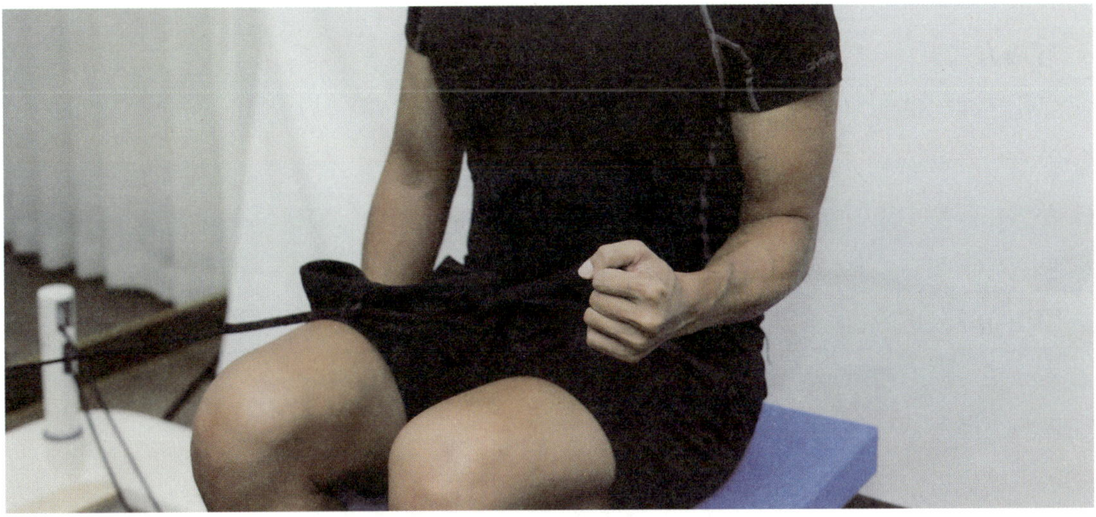

特写（1）

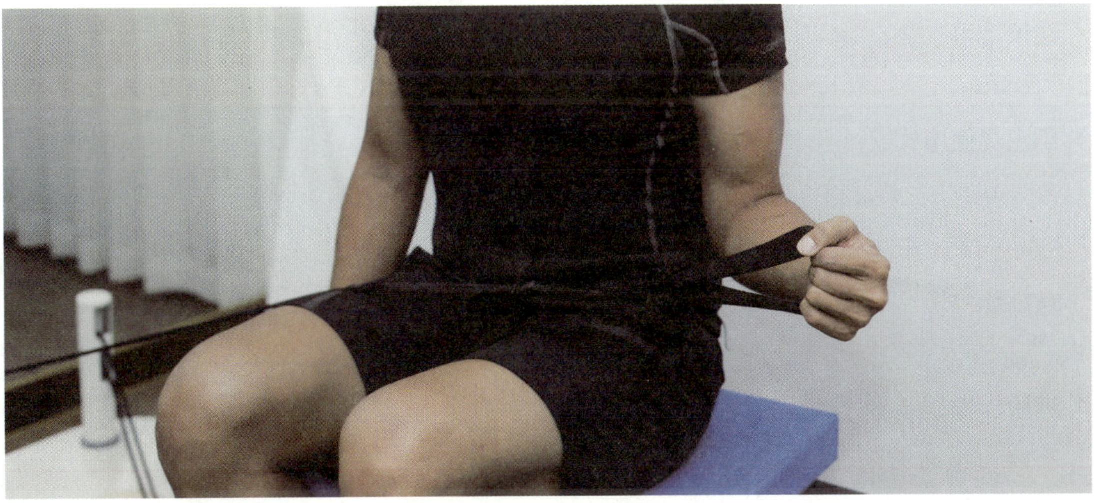

特写（2）

（2）内旋

弹簧使用：

1蓝或1黄：锻炼核心控制能力与肩关节灵活性。（发力感受：20%～40%）

1红或以上重量：强化手臂与背部力量。（发力感受：60%～80%）

- **起始位置：**箱子竖放，侧坐在箱子上，保持骨盆中立位，靠近绳子的单侧手握手绳。保持肩胛骨稳定，手臂垂直屈肘呈90度，掌心向内。

- **呼吸方式：**

·强化手臂与背部力量练习

①吸气：准备。

②呼气：保持中立位，骨盆与肩胛骨保持稳定，手臂内旋45～70度。

③吸气：手臂有控制地慢慢带动，回到起始位。

*同动作呼吸进阶。

·核心控制能力与肩关节灵活性练习

①呼气：准备。

②吸气：保持中立位，骨盆与肩胛骨保持稳定，手臂内旋45～70度。

③呼气：手臂有控制地慢慢带动，回到起始位。

- **建议练习次数：**单侧8～12次（如感觉练习量不足，可适当增加次数）。

- **小工具使用：**

练习中如骨盆没能很好地稳定，可在大腿内侧夹小球，能有效提升骨盆稳定性与核心肌群力量。

- **进阶：**以跪姿进行练习，如膝盖疼痛，不建议练习该动作。

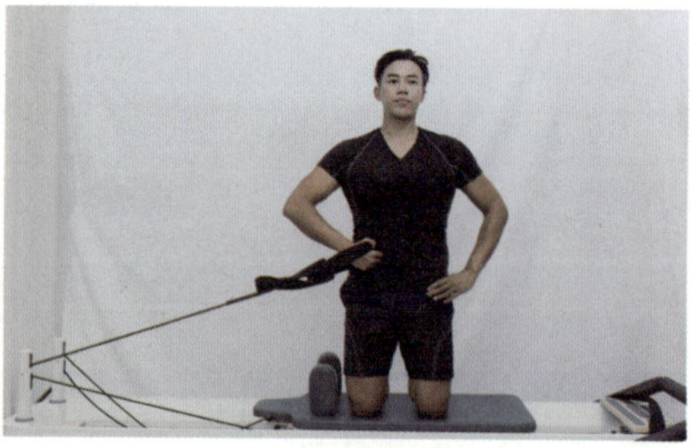

跪姿练习

①吸气：准备

②呼气：手臂内旋

③吸气：收回

特写（1）

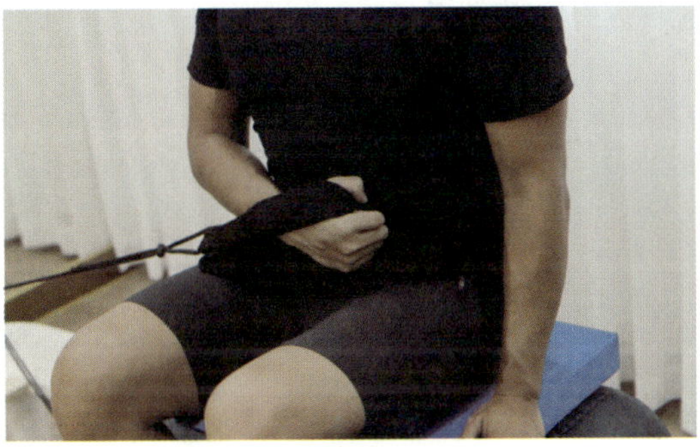

特写（2）

注意事项

① 在起始位上，保持鼻子、胸骨、骨盆中立位。

② 练习中，尽量放松肩膀，保持肩胛骨稳定，避免耸肩或沉肩。

（3）外展

弹簧使用：

1蓝或1黄：锻炼核心控制能力与肩关节灵活性。（发力感受：20%~40%）

1红或以上重量：强化手臂与背部力量。（发力感受：60%~80%）

◆ **起始位置：**箱子竖放，侧坐在箱子上，保持骨盆中立位，靠近脚杆的单侧手握手绳。保持肩胛骨稳定，手臂屈肘，掌心向内。

◆ **呼吸方式：**

· 强化手臂与背部力量练习

①吸气：准备。

②呼气：保持中立位，骨盆与肩胛骨保持稳定，手臂上抬外展约90度。

③吸气：手臂有控制地慢慢带动，回到起始位。

* 同动作呼吸进阶。

· 核心控制能力与肩关节灵活性练习

①呼气：准备。

②吸气：保持中立位，骨盆与肩胛骨保持稳定，手臂上抬外展约90度。

③呼气：手臂有控制地慢慢带动，回到起始位。

◆ **建议练习次数：**单侧8～12次（如感觉练习量不足，可适当增加次数）。

◆ **小工具使用：**

练习中如骨盆没能很好地稳定，可在大腿内侧夹小球，能有效提升骨盆稳定性与核心肌群力量。

◆ **进阶：**以跪姿进行练习，如膝盖疼痛，不建议练习该动作。

跪姿练习

①吸气：准备

②呼气：手臂外展

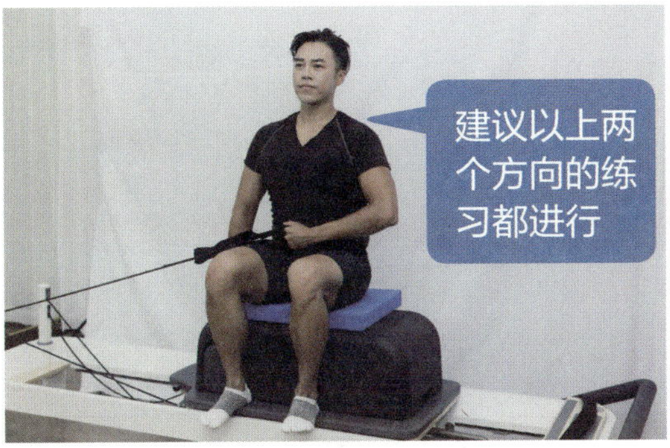

③吸气：收回

注意事项

① 在起始位上，保持鼻子、胸骨、骨盆中立位。

② 练习中，尽量放松肩膀，保持肩胛骨稳定，避免耸肩或沉肩。

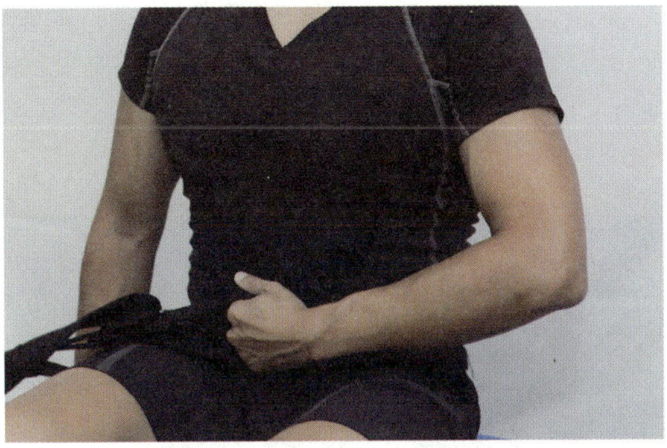

特写（1）

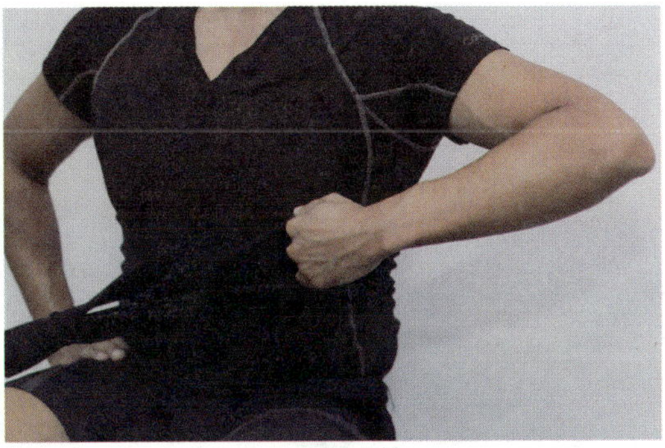

特写（2）

（4）直臂外展

弹簧使用：

1蓝或1黄：锻炼核心控制能力与肩关节灵活性。（发力感受：20%~40%）

1红或以上重量：强化手臂与背部力量。（发力感受：60%~80%）

◆ **起始位置：**箱子竖放，侧坐在箱子上，保持骨盆中立位，靠近脚杆的单侧手握手绳。保持肩胛骨稳定，手臂垂直，掌心向内。

◆ **呼吸方式：**

· 核心控制能力与肩关节灵活性练习

①呼气：准备。

②吸气：保持中立位，骨盆与肩胛骨保持稳定，手臂外展约90度。

③呼气：手臂有控制地慢慢带动，回到起始位。

· 强化手臂与背部力量练习

①吸气：准备。

②呼气：保持中立位，骨盆与肩胛骨保持稳定，手臂外展约90度。

③吸气：手臂有控制地慢慢带动，回到起始位。

◆ **建议练习次数：**单侧8～12次（如感觉练习量不足，可适当增加次数）。

◆ **小工具使用：**

练习中如骨盆没能很好地稳定，可在大腿内侧夹小球，能有效提升骨盆稳定性与核心肌群力量。

①呼气：准备

②吸气：保持中立位

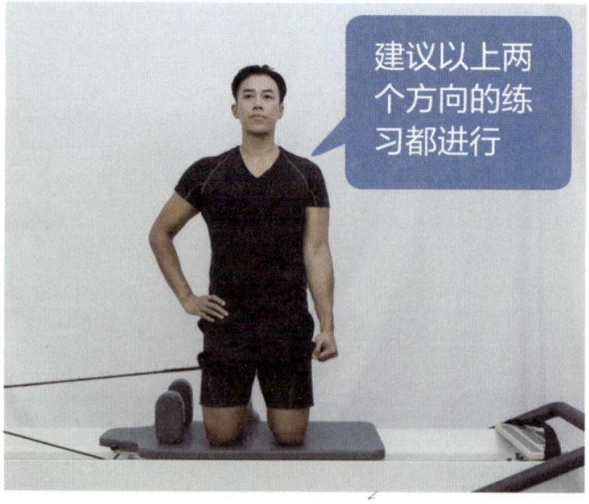

③呼气：回到起始位

注意事项

① 在起始位上，保持鼻子、胸骨、骨盆中立位。

② 练习中，尽量放松肩膀，保持肩胛骨稳定，避免耸肩或沉肩。

（5）内收

弹簧使用：

1蓝或1黄：锻炼核心控制能力与肩关节灵活性。（发力感受：20%～40%）

1红或以上重量：强化手臂与胸部力量。（发力感受：60%～80%）

◆ **起始位置：**箱子竖放，侧坐在箱子上，保持骨盆中立位，靠近绳子的单侧手握手绳。保持肩胛骨稳定，手臂屈肘，掌心向内。

◆ **呼吸方式：**

·强化手臂与胸部力量练习

①吸气：准备。

②呼气：保持中立位，骨盆与肩胛骨保持稳定，手臂内收20～40度。

③吸气：手臂有控制地慢慢带动，回到起始位。

*同动作呼吸进阶。

·核心控制能力与肩关节灵活性练习

①呼气：准备。

②吸气：保持中立位，骨盆与肩胛骨保持稳定，手臂内收20～40度。

③呼气：手臂有控制地慢慢带动，回到起始位。

◆ **建议练习次数：**单侧8～12次（如感觉练习量不足，可适当增加次数）。

◆ **小工具使用：**

练习中如骨盆没能很好地稳定，可在大腿内侧夹小球，能有效提升骨盆稳定性与核心肌群力量。

◆ **进阶：**以跪姿进行练习，如膝盖疼痛，不建议练习该动作。

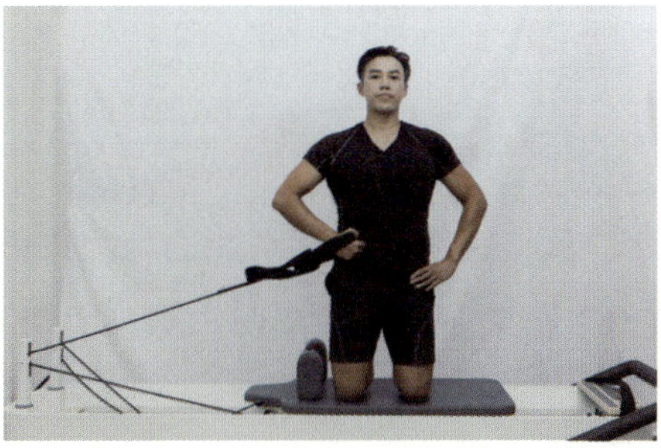

跪姿练习

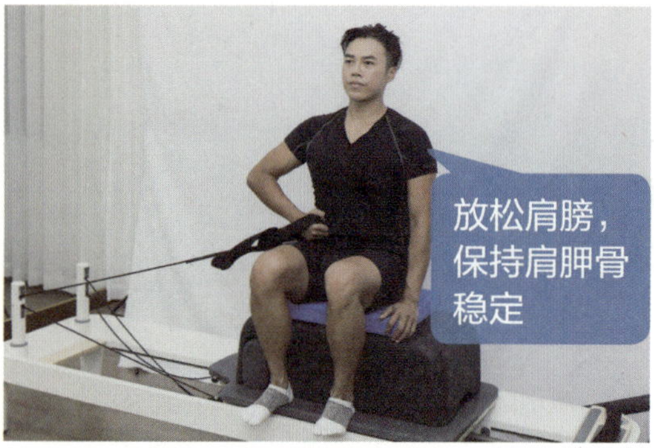

①吸气：准备

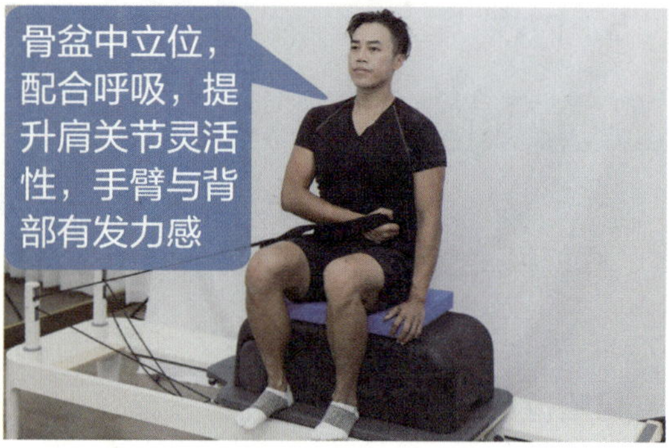

②呼气：手臂内收

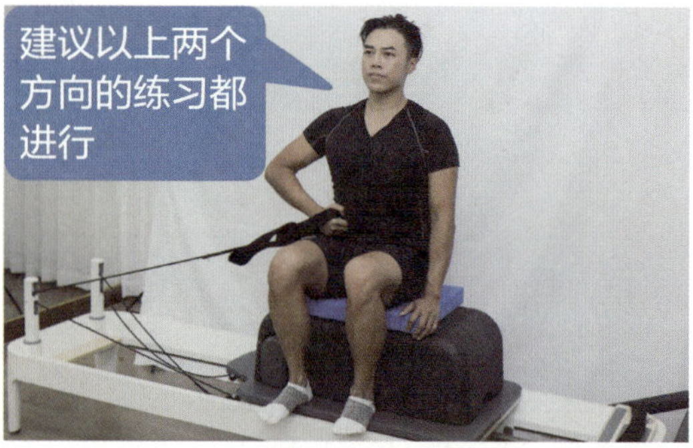

③吸气：收回

注意事项

① 在起始位上，保持鼻子、胸骨、骨盆中立位。

② 练习中，尽量放松肩膀，保持肩胛骨稳定，避免耸肩或沉肩。

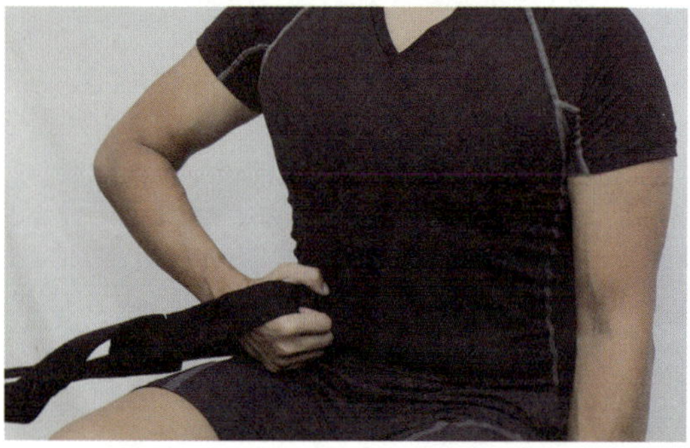

特写（1）

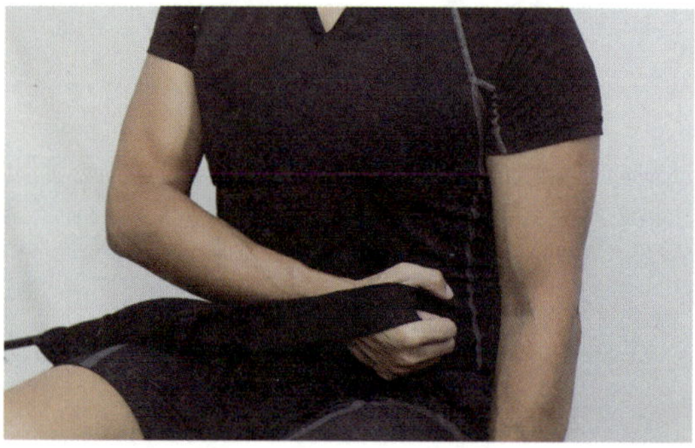

特写（2）

（6）直臂内收

弹簧使用：

1蓝或1黄：锻炼核心控制能力与肩关节灵活性。（发力感受：20%～40%）

1红或以上重量：强化手臂与胸部力量。（发力感受：60%～80%）

- **起始位置：**箱子竖放，侧坐在箱子上，保持骨盆中立位，靠近绳子的单侧手握手绳。保持肩胛骨稳定，手臂垂直，掌心向内。

◆ **呼吸方式：**

・强化手臂与胸部力量练习

①吸气：准备。

②呼气：保持中立位，骨盆与肩胛骨保持稳定，手臂内收20～40度。

③吸气：手臂有控制地慢慢带动，回到起始位。

＊同动作呼吸进阶。

・核心控制能力与肩关节灵活性练习

①呼气：准备。

②吸气：保持中立位，骨盆与肩胛骨保持稳定，手臂内收20～40度。

③呼气：手臂有控制地慢慢带动，回到起始位。

◆ **建议练习次数：**单侧8～12次（如感觉练习量不足，可适当增加次数）。

◆ **小工具使用：**

练习中如骨盆没能很好地稳定，可在大腿内侧夹小球，能有效提升骨盆稳定性与核心肌群力量。

①吸气：准备

②呼气：直臂内收

③吸气：收回

注意事项

① 在起始位上，保持鼻子、胸骨、骨盆中立位。

② 练习中，尽量放松肩膀，保持肩胛骨稳定，避免耸肩或沉肩。

（7）反手

弹簧使用：

1蓝或1黄：锻炼核心控制能力与肩关节灵活性。（发力感受：20%～40%）

1红或以上重量：强化手臂与背部力量。（发力感受：60%～80%）

◆ **起始位置：**箱子竖放，侧坐在箱子上，保持骨盆中立位，靠近脚杆的手握手绳。保持肩胛骨稳定，掌心向内放在肚脐前。

◆ **呼吸方式：**

①呼气：准备。

②吸气：保持中立位，骨盆与肩胛骨保持稳定，手肘抬起外展约90度。

③呼气：大臂外旋带动小臂做伸展动作，掌心向上。

④吸气：屈肘内旋70度。

⑤呼气：手臂有控制地慢慢带动，回到起始位。

◆ **建议练习次数：**单侧8～12次（如感觉练习量不足，可适当增加次数）。

◆ **小工具使用：**

练习中如骨盆没能很好地稳定，可在大腿内侧夹小球，能有效提升骨盆稳定性与核心肌群力量。

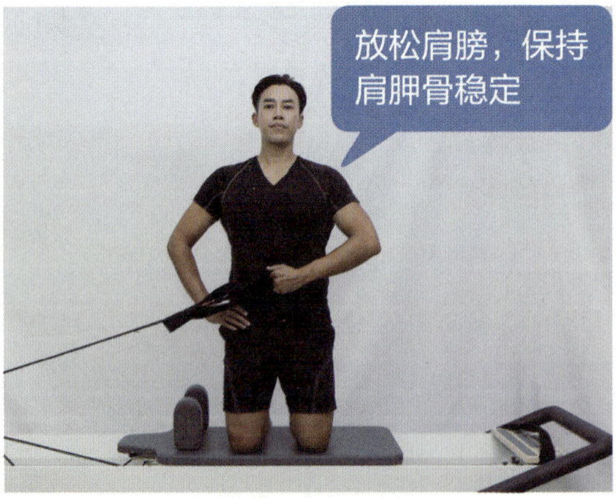

①呼气：准备

②吸气：外展

③呼气：外旋伸展

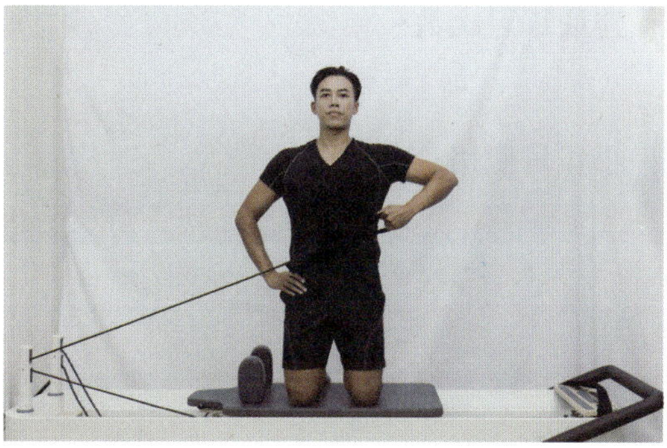

④吸气：屈肘

⑤呼气：收回

注意事项

① 在起始位上，保持鼻子、胸骨、骨盆中立位。

② 练习中，尽量放松肩膀，保持肩胛骨稳定，避免耸肩或沉肩。

（8）侧身反手

弹簧使用：

1蓝或1黄：锻炼脊椎与肩关节灵活度。（发力感受：20%～40%）

1红或以上重量：强化核心控制能力，锻炼手臂与背部力量。（发力感受：60%～80%）

◆ **起始位置：**侧身跪在滑板上，保持骨盆中立位，脊椎侧弯，靠近手绳的手撑在肩托上，另一只手握手绳，保持肩胛骨稳定，屈肘上抬，掌心向上放在额头前。

◆ **呼吸方式：**

①吸气：准备。

②呼气：保持骨盆与肩胛骨稳定，手肘稳定，手拉手绳上抬，向斜上方伸展。

③吸气：手臂有控制地慢慢带动，回到起始位。

◆ **建议练习次数：**单侧8～12次（如感觉练习量不足，可适当增加次数）。

◆ **小工具使用：**

练习中如骨盆没能很好地稳定，可在大腿内侧夹小球，能有效提升骨盆稳定性与核心肌群力量。

①吸气：准备

②呼气：手臂上抬

③吸气：收回

特写

注意事项

① 在起始位上，尽量做胸椎段的侧屈。

② 保持眼睛能看到手肘。

③ 在练习中，如手腕感到疼痛或其他不适，可以调整弹簧，或留意肩胛骨是否位于正确的位置。

（八）向前推动

（1）直臂向前

弹簧使用：

1蓝或1黄：锻炼核心控制能力与肩关节灵活性。（发力感受：20%～40%）

1红或以上重量：锻炼核心稳定性与上肢力量。（发力感受：60%～80%）

◆ **起始位置：**身体朝向脚杆，在滑板上做跪姿，脚跟贴在肩托上，臀部坐在脚跟上，维持身体稳定，跪姿起身，双手握着手绳置于身体两侧，掌心向前。

◆ **呼吸方式：**

· 核心稳定性与上肢力量练习

①②③吸气：准备。

④呼气：保持骨盆与肩胛骨稳定，手臂拉动向前，与肩同高。

⑤吸气：手臂有控制地慢慢带动，回到起始位。

* 同动作呼吸进阶。

· 核心控制能力与肩关节灵活性练习

①②③呼气：准备。

④吸气：保持骨盆与肩胛骨稳定，胸椎微伸展，手臂带动向上举，眼睛平视。

⑤呼气：手臂有控制地慢慢带动，回到起始位。

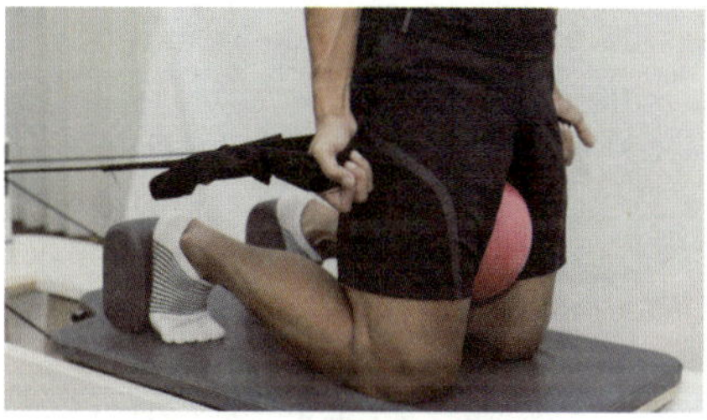

大腿内侧夹小球

◆ **建议练习次数：**8～12次（如感觉练习量不足，可适当增加次数）。

◆ **小工具使用：**

① 练习中如骨盆没能很好地稳定，可在大腿内侧夹小球，能有效提升骨盆稳定性与核心肌群力量。

② 如脚跟没能很好地贴紧肩托，用小软垫垫高膝盖，让脚跟能踏在肩托上。

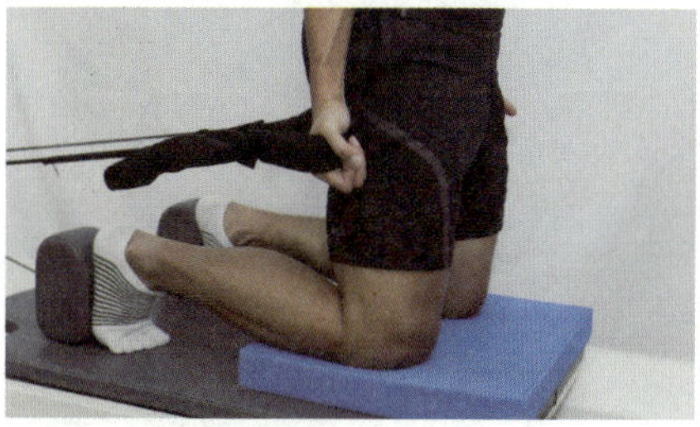

小软垫垫高

◆ **退阶：**在箱子上做坐姿，能感受到更强的核心稳定性。

坐姿

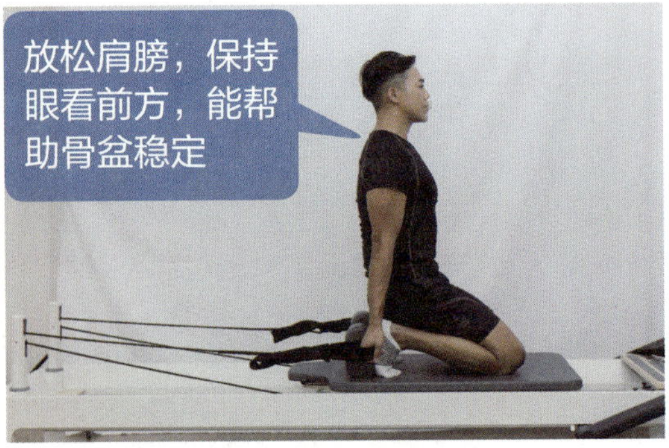

①吸气：起始动作

②吸气：起始动作

③吸气：准备

④呼气：直臂向前

⑤吸气：收回

注意事项

① 在起始位上，维持身体稳定，重心微向前，控制身体协调。

② 练习中，留意是否有重心向后、骨盆前倾和胸椎屈曲的情况。

③ 练习中，尽量放松肩膀，保持肩胛骨稳定，避免耸肩或沉肩。

（2）双手划圈

弹簧使用：

1蓝或1红：锻炼核心控制能力与肩关节灵活性。（发力感受：20%～40%）

◆ **起始位置：**身体朝向脚杆，在滑板上做跪姿，脚跟贴在肩托上，臀部坐在脚跟上，保持身体协调，跪姿起身，双手握着手绳置于身体两侧，掌心向前。

◆ **呼吸方式：**

· 核心控制能力与肩关节灵活性练习

①吸气：准备。

②呼气：双手向外打开到肩胛面。

③吸气：双手收到与肩同宽。

④呼气：手臂带动向下，回到起始位。

· 反方向动作

①呼气：准备。

②吸气：保持骨盆与肩胛骨稳定，胸椎微伸展，手臂带动向上抬，与肩同高。

③呼气：双手打开到肩胛面。

④吸气：双手带回到身体两侧。

◆ **建议练习次数：**8～12次（如感觉练习量不足，可适当增加次数）。

◆ **小工具使用：**

① 练习中如骨盆没能很好地稳定，可在大腿内侧夹小球，能有效提升骨盆稳定性与核心肌群力量。

② 如脚跟没能很好地贴紧肩托，用小软垫垫高膝盖，让脚跟能踏在肩托上。

◆ **退阶：**在箱子上做坐姿，能感受到更强的核心稳定性。

注意事项

① 在起始位上，维持身体平衡，重心微向前，控制身体协调。

② 练习中，留意是否有重心向后、骨盆前倾和胸椎屈曲的情况。

③ 练习中，尽量放松肩膀，保持肩胛骨稳定，避免耸肩或沉肩。

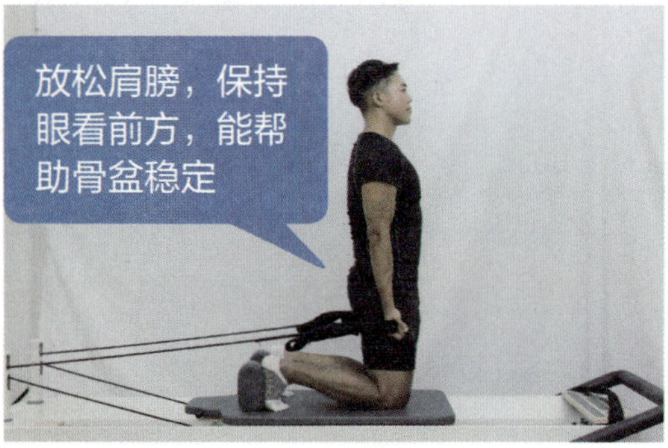

①吸气：准备

②呼气：直臂向前

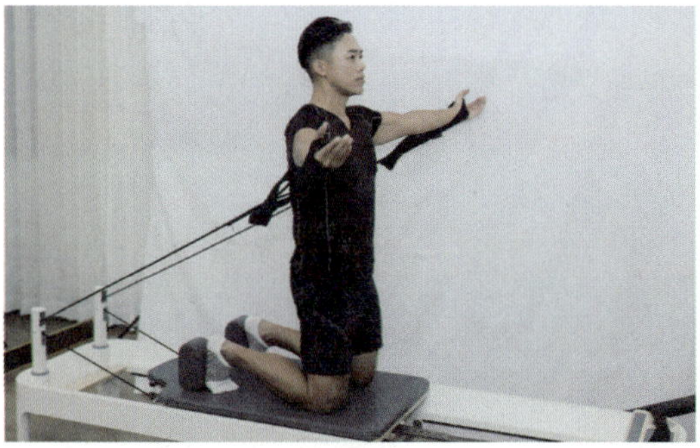
③吸气：打开

④呼气：收回

（3）屈肘向上

弹簧使用：

1蓝或1红：锻炼核心控制能力与肩关节灵活性。（发力感受：20%～40%）

◆ **起始位置：** 身体朝向脚杆，在滑板上做跪姿，脚跟贴在肩托上，臀部坐在脚跟上，维持身体稳定，双手握着手绳屈肘举起在额头前，眼睛余光看到手肘，掌心向前。

◆ **呼吸方式：**

①吸气：准备。

②呼气：保持骨盆与肩胛骨稳定，胸椎微伸展，双手向斜上方推动。

③吸气：手臂屈肘，有控制地收回。

◆ **建议练习次数：** 8～12次（如感觉练习量不足，可适当增加次数）。

◆ **小工具使用：**

① 练习中如骨盆没能很好地稳定，可在大腿内侧夹小球，能有效提升骨盆稳定性与核心肌群力量。

② 小软垫：如脚跟没能很好地贴紧肩托，用小软垫垫高膝盖，让脚跟能踏在肩托上。

◆ **退阶：**在箱子上做坐姿，能感受到更强的核心稳定性。

①吸气：准备

②呼气：斜上方推动

③吸气：收回

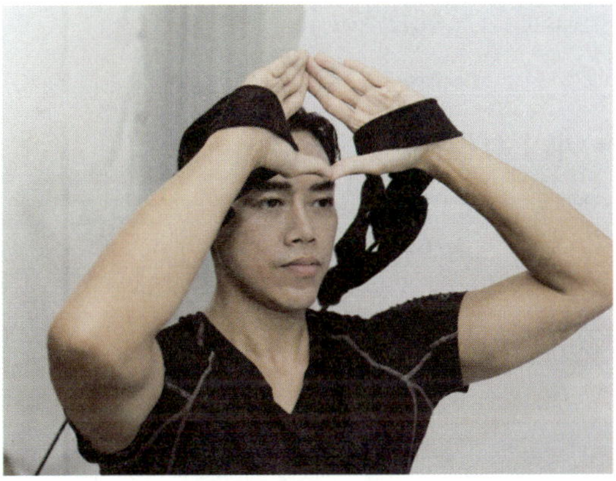

特写

注意事项

① 在起始位上，维持身体平衡，重心微向前，控制身体协调。

② 练习中，留意是否有重心向后、骨盆前倾和胸椎屈曲的情况。

③ 练习中，尽量放松肩膀，保持肩胛骨稳定，避免耸肩或沉肩。

（4）二头肌练习

弹簧使用：

1蓝或1红：锻炼核心控制能力与上肢力量。（发力感受：20%~40%）

◆ **起始位置：**身体朝向脚杆方向，在滑板上做跪姿，脚跟贴在肩托上，臀部坐在脚跟上，身体协调，跪姿起身，双手握着手绳置于身体两侧，掌心向前。

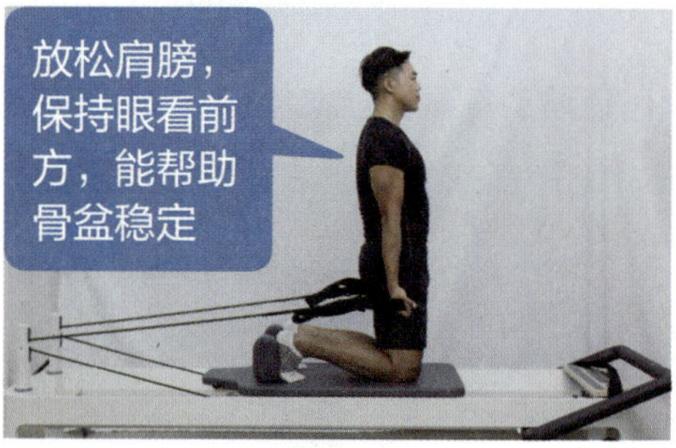

①吸气：准备

◆ **呼吸方式：**

①吸气：准备。

②呼气：保持身体稳定，手臂屈肘，拉动向上。

③吸气：手臂有控制地带动，回到起始位。

②呼气：屈肘上抬

◆ **建议练习次数：**8~12次（如感觉练习量不足，可适当增加次数）。

◆ **小工具使用：**

① 练习中如骨盆没能很好地稳定，可在大腿内侧夹小球，能有效提升骨盆稳定性与核心肌群力量。

② 如脚跟没能很好地贴紧肩托，用小软垫垫高膝盖，让脚跟能踏在肩托上。

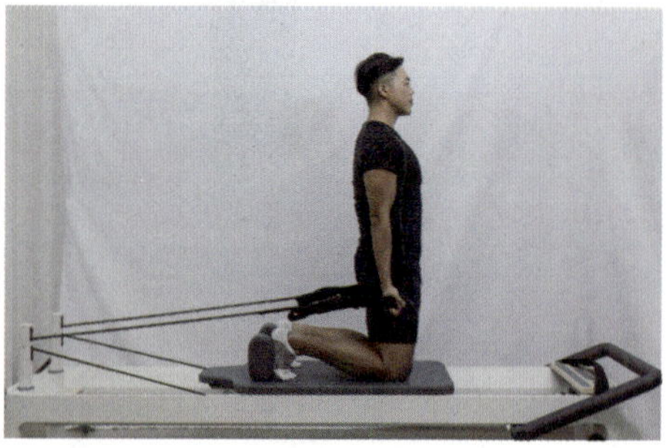
③吸气：收回

◆ **退阶：**在箱子上做坐姿，能感受到更强的核心稳定性。

注意事项

① 在起始位上，维持身体平衡，重心微向前，控制身体协调。

② 练习中，留意是否有重心向后、骨盆前倾和胸椎屈曲的情况。

③ 练习中，尽量放松肩膀，保持肩胛骨稳定，避免耸肩或沉肩。

十一、站姿

（一）拉伸大腿系列

（1）地面单腿伸展

弹簧使用：

1红：拉伸单侧大腿的前侧与后侧。（发力感受：20%～60%）

- **起始位置：**身体朝向脚杆，双手扶在脚杆上，前腿尽量贴在核心床前侧，后脚踩在肩托上，膝盖放在滑板上，以弓步姿势为起始位。

- **呼吸方式：**

①吸气：准备。

②呼气：保持骨盆稳定，前腿主动向后蹬，拉伸大腿。

③吸气：有控制地屈膝拉动，回到起始位。

- **建议练习次数：**单侧8～12次（如感觉练习量不足，可适当增加次数）。

- **小工具使用：**

如脚跟没能很好地贴紧肩托或膝盖感觉不舒服，可用小软垫垫高膝盖，让脚跟能踏在肩托上，避免给膝盖造成压力。

小软垫垫高膝盖

①吸气：准备

②呼气：拉伸前腿

③吸气：收回

注意事项

① 在起始位时，骨盆在中立位，有助于双腿肌肉力量的平衡。

② 练习中，留意是否有骨盆前倾和胸椎屈曲的情况。

③ 练习中，尽量放松肩膀，保持肩胛骨稳定，避免耸肩或沉肩。

（2）木板单腿伸展

弹簧使用：

1红：拉伸大腿前侧与后侧。（发力感受：20%～40%）

◆ **起始位置：**身体朝向脚杆，双手扶在脚杆上，前脚踩在核心床木板中央，后脚踩在肩托上，膝盖放在滑板上，以弓步姿势为起始位。

◆ **呼吸方式：**

①吸气：准备。

②呼气：保持骨盆稳定，前腿主动向后蹬，拉伸大腿。

③吸气：有控制地屈膝拉动，回到起始位。

◆ **建议练习次数：** 单侧8～12次（如感觉练习量不足，可适当增加次数）。

◆ **小工具使用：**

如脚跟没能很好地贴紧肩托或膝盖感觉不舒服，可用小软垫垫高膝盖，让脚跟能踏在肩托上，避免给膝盖造成压力。

①吸气：准备

②呼气：拉伸前腿

③吸气：收回

注意事项

① 在起始位时，骨盆在中立位，有助于双腿肌肉力量的平衡。

② 练习中，留意是否有骨盆前倾和胸椎屈曲的情况。

③ 练习中，尽量放松肩膀，保持肩胛骨稳定，避免耸肩或沉肩。

（3）脚杆单腿伸展

弹簧使用：

1红：拉伸大腿前侧与后侧。（发力感受：20%～60%）

◆ **起始位置：** 身体朝向脚杆，双手扶在脚杆上，前脚大脚趾球踩在脚杆中央，后脚踩在肩托上，膝盖放在滑板上，以弓步姿势为起始位。

◆ **呼吸方式：**

①吸气：准备。

②呼气：保持骨盆稳定，前腿主动向后蹬，拉伸大腿。

③吸气：有控制地屈膝拉动，回到起始位。

◆ **建议练习次数：** 单侧8～12次（如感觉练习量不足，可适当增加次数）。

◆ **小工具使用：**

如脚跟没能很好地贴紧肩托或膝盖不舒服，可用小软垫垫高膝盖，让脚跟能踏在肩托上，避免给膝盖造成压力。

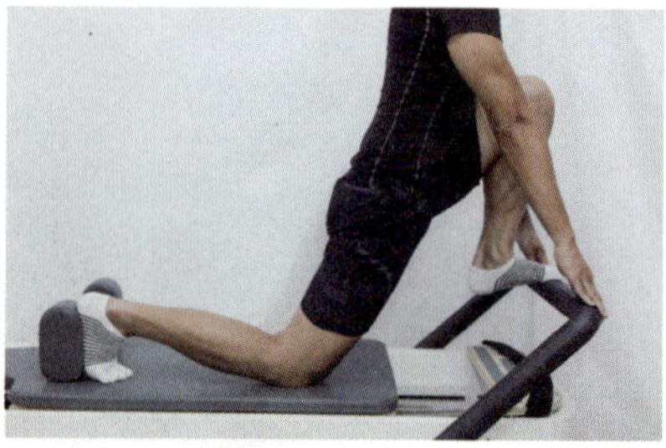

小软垫垫高膝盖

◆ **退阶：** 脚杆下放一级或两级。如骨盆没能处于中立位，下放脚杆有助于减轻髋关节受限程度。

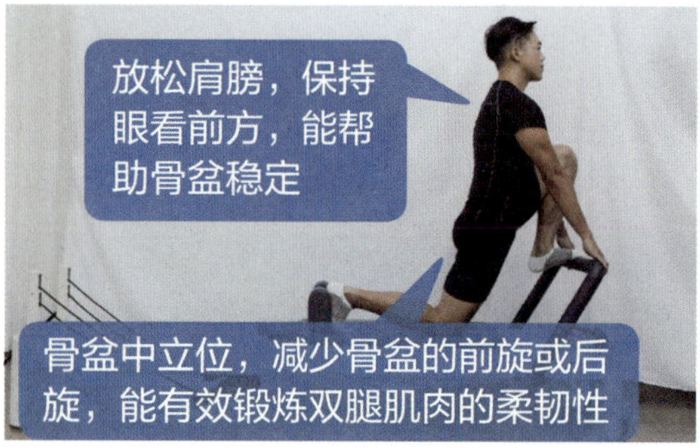

①吸气：准备

②呼气：拉伸前腿

③吸气：收回

注意事项

① 在起始位时，骨盆在中立位，有助于双腿肌肉力量的平衡，如骨盆失衡，建议把脚杆下放一级。

② 练习中，留意是否有骨盆前倾和胸椎屈曲的情况。

③ 练习中，尽量放松肩膀，保持肩胛骨稳定，避免耸肩或沉肩。

（4）弓步协调练习（中级）

弹簧使用：

1蓝：**锻炼身体平衡感。**（发力感受：20%～40%）

1红：**伸展大腿前侧与后侧。**（发力感受：40%～60%）

◆ **起始位置：**身体朝向脚杆，双手扶在脚杆上，前脚大脚趾球踩在脚杆中央，后脚踩在肩托上，站起时应注意安全，以弓步姿势为起始位。

◆ **呼吸方式：**

①吸气：准备。

②呼气：保持骨盆稳定，前腿主动向后蹬，拉伸大腿。

③吸气：有控制地屈膝拉动，回到起始位。

◆ **建议练习次数：**单侧8～12次（如感觉练习量不足，可适当增加次数）。

注意事项

① 在起始位时，骨盆在中立位，有助于双腿肌肉力量的平衡。

② 练习中，留意是否有骨盆前倾和胸椎屈曲的情况。

③ 练习中，尽量放松肩膀，保持肩胛骨稳定，避免耸肩或沉肩。

起始动作站起

①吸气：准备

②呼气：拉伸前腿

③吸气：收回

（二）跑步练习

弹簧使用：

1蓝：强化身体协调性与单侧臀腿力量（如感觉过重，可调整为1黄）。（发力感受：20%～80%）

◆ **起始位置：**身体朝向脚杆，站姿在地面，前腿微屈膝，力量放在臀部，后脚踩在肩托上，以跑步姿势为起始位。

◆ **呼吸方式：**

①吸气：准备。

②呼气：保持骨盆稳定，前腿稳定，髋部带动后腿蹬脚。

③吸气：有控制地屈膝带动，回到起始位。

◆ **建议练习次数：**30秒、60秒，有节奏地练习（如感觉练习量不足，可适当增加时间与弹簧阻力）。

◆ **退阶：**单脚踏在箱子上，有助于减轻膝关节压力。

箱子放在核心床旁边

①吸气：准备

②呼气：蹬脚

③吸气：收回

注意事项

① 在起始位时，骨盆在中立位，有助于双腿肌肉力量的平衡。

② 练习中，留意是否有骨盆前倾和胸椎屈曲的情况。

③ 练习中，尽量放松肩膀，保持肩胛骨稳定，避免耸肩或沉肩。

（三）侧开腿练习

（1）直腿外展与内收

弹簧使用：

1蓝或1红：强化下肢臀腿力量。（发力感受：40%~60%）

1黄：控制下肢协调。（发力感受：20%~40%）

◆ **起始位置：**侧身站在木板上，注意双脚踩在木板上，再单脚踏在滑板上。身体保持中立位，以双手放在髋部为起始动作。

◆ **呼吸方式：**

①吸气：准备。

②呼气：保持骨盆稳定，主动用髋部带动稳定腿，协调推开移动腿。

③吸气：有控制地拉动，回到起始位。

◆ **建议练习次数：**单侧8~12次（如感觉练习量不足，可适当增加次数）。

①吸气：准备

②呼气：向外打开

③吸气：收回

注意事项

① 在起始位时，骨盆在中立位，有助于双腿肌肉力量的平衡。

② 练习中，留意是否有骨盆前倾和胸椎屈曲的情况。

③ 练习中，尽量放松肩膀，保持肩胛骨稳定，避免耸肩或沉肩。

（2）屈膝外展与内收

弹簧使用：

1蓝或1红：强化下肢臀腿力量。（发力感受：20%～40%）

1黄：控制下肢协调。（发力感受：60%～80%）

◆ **起始位置：** 侧身站在木板上，注意双脚踩在木板上，再单脚踏在滑板上。身体保持中立位，双腿微屈膝，以双手放在髋部为起始动作。

◆ **呼吸方式：**

①吸气：准备。

②呼气：保持骨盆稳定，尽量水平移动，主动用髋部带动稳定腿，协调推开移动腿。

③吸气：有控制地拉动，回到起始位。

◆ **建议练习次数：** 单侧8～12次（如感觉练习量不足，可适当增加次数）。

①吸气：准备

②呼气：向外打开

③吸气：收回

特写

注意事项

① 在起始位时，骨盆在中立位，有助于双腿肌肉力量的平衡。

② 练习中，留意是否有骨盆前倾和胸椎屈曲的情况。

③ 练习中，尽量放松肩膀，保持肩胛骨稳定，避免耸肩或沉肩。

（3）侧身跑步练习

弹簧使用：

1蓝：强化身体协调性与单侧臀腿力量。（发力感受：20%～60%）

◆ **起始位置：**侧身站在木板上，注意双脚踩在木板上，再单脚踏在滑板上。身体保持中立位，双腿微屈膝，双手放在髋部，重心应放在稳定腿上，以此为起始动作。

◆ **呼吸方式：**

①吸气：准备。

②呼气：保持骨盆稳定，重心放在稳定腿上，髋部带动移动腿蹬滑板。

③吸气：有控制地屈膝带动，回到起始位。

◆ **建议练习次数：**单侧30～60秒有节奏地练习（如感觉练习量不足，可适当增加次数）。

①吸气：准备

②呼气：单腿外展

③吸气：收回

注意事项

① 在起始位时，骨盆在中立位，有助于训练肌肉的协调性与平衡性。

② 练习中，留意是否有骨盆前倾和胸椎屈曲的情况。

③ 练习中，尽量放松肩膀，保持肩胛骨稳定，避免耸肩或沉肩。

12 十二、美人鱼（中级）与四肢身体协调（中级）

（1）侧弯

弹簧使用：

全弹簧：锻炼全身协调性与稳定性。（发力感受：20%～60%）

◆ **起始位置：**箱子横放贴住肩托，侧坐在箱子上，保持身体中立位，在木板上的腿做外旋，同时轻轻勾住脚绳，另一腿做屈膝外旋，以双手打开在肩胛面位置为起始动作。

◆ **呼吸方式：**

①吸气：准备。

②呼气：勾住脚绳的腿带动髋关节做内旋，向侧面伸展；
骨盆与脊椎在中立位；
上方手举高在头顶，下方手侧碰在肋骨。

③吸气：胸椎侧弯。

④呼气：胸椎带动头部、颈部同时侧弯向另一侧。

⑤吸气：身体回到中立位；
勾住脚绳的腿回到外旋位；
双手打开在肩胛面位置。

◆ **建议练习次数：**单侧5～8次（如感觉练习量不足，可适当增加次数）。

①吸气：准备

②呼气：身体中立位

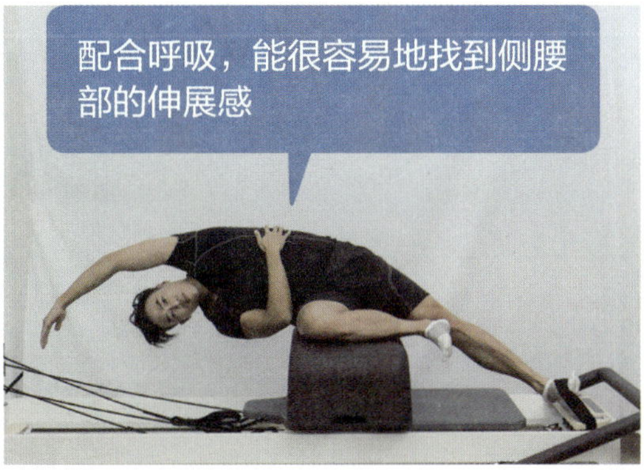

③吸气：侧屈胸椎

④呼气：侧屈另一侧

⑤吸气：收回

注意事项

① 侧身练习中，对脊椎有一定的关节冲击力，如有脊椎疼痛或关节炎症、骨质疏松等问题，可以先从在矫正器械上做对脊椎没有压力的练习开始。

② 练习中，留意是否有骨盆前倾或后倾以及胸椎屈曲、头前引的情况。

③ 练习中，尽量放松肩膀，保持肩胛骨稳定，避免身体过度紧张。

（2）胸椎扭转

弹簧使用：

全弹簧：锻炼全身协调性与稳定性。（发力感受：20%~60%）

◆ **起始位置：**箱子横放贴住肩托，侧坐在箱子上，保持身体中立位，在木板上的腿做外旋，同时轻轻勾住脚绳，另一腿做屈膝外旋，以双手打开在肩胛面位置为起始动作。

◆ **呼吸方式：**

①吸气：准备。

②呼气：勾住脚绳的腿带动髋关节做内旋，向侧面伸展；
骨盆与脊椎在中立位；
上方手举高在头顶，下方手侧碰在肋骨。

③④吸气：胸椎扭转，同时微屈曲，保证肩胛骨在胸廓上；
双手屈肘抱圆姿势在胸前；
双手交替。

⑤呼气：胸椎带动头部、颈部回正；
下方手举高在头顶，上方手侧碰在肋骨。

⑥吸气：侧弯向另一侧。

⑦呼气：身体回到中立位；
勾住脚绳的腿回到外旋位；
双手打开在肩胛面位置。

◆ **建议练习次数：**单侧5~8次（如感觉练习量不足，可适当增加次数）。

①吸气：准备

②呼气：身体中立位

③吸气：胸椎扭转

④吸气：双手互换

⑤呼气：胸椎回正

⑥吸气：侧屈另一侧

⑦呼气：收回

注意事项

① 侧身练习中，对脊椎有一定的关节冲击力，如有脊椎疼痛或关节炎症、骨质疏松等问题，可以先从在矫正器械上做对脊椎没有压力的练习开始。

② 练习中，留意是否有骨盆前倾或后倾以及胸椎屈曲、头前引的情况。

③ 练习中，尽量放松肩膀，保持肩胛骨稳定。

（3）四肢身体协调（中级）

弹簧使用：

1黄或1蓝：训练身体协调能力。（发力感受：20%~60%）

◆ **起始位置：**

① 箱子竖放，四肢支撑位，双腿打开，脚跟对齐坐骨，手掌心贴紧箱子边缘，后脑勺、后背和骶骨连成一条线在中立位，身体重心放在臀部，避免手腕压力过大或重心向前。

② 在骨盆稳定的前提下，套上脚绳，以髋关节外旋为起始位置。

◆ **呼吸方式：**

①②吸气：准备。

③呼气：保持身体的稳定性，由套脚绳腿的髋关节外旋位带动，向后方拉动上提。

④吸气：保持身体的稳定性，髋关节慢慢屈曲，回到起始位置。

注意事项

① 练习身体稳定性，提升髋关节的灵活度。

② 如出现翼状肩胛，胸椎微屈曲。

③ 练习中，尽量放松肩膀，避免过度紧张。

①吸气：起始动作

②吸气：准备

③呼气：单腿后拉

④吸气：收回

13 十三、垫上动作

（一）肩桥

目的：

改善髋关节与增强脊椎灵活性。（发力感受：20%～60%）

- **起始位置：**仰卧在垫子上，双腿屈膝屈髋呈90度，脚跟与肩同宽，保持身体中立位，双手放在两侧（如圆肩驼背，可掌心向上）。

- **呼吸方式：**

①吸气：准备。

②呼气：骨盆后倾，逐节带动脊椎向上卷动至上胸椎；
后背式呼吸，骨盆稳定。

③吸气：从上胸椎开始逐节向下卷动，同时保持骨盆后倾；
让骨盆回到起始位。

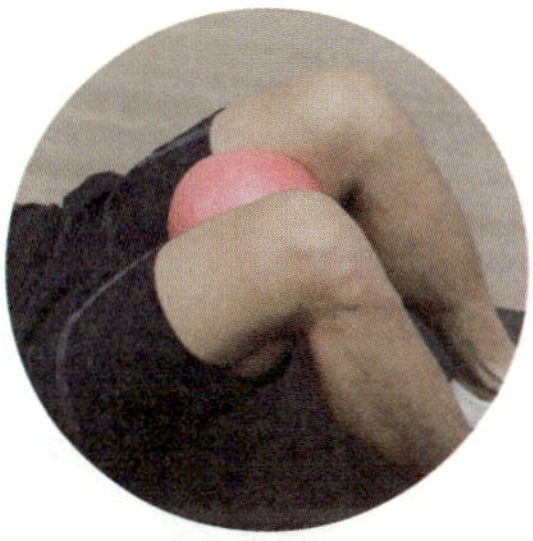

大腿内侧夹小球

- **建议练习次数：**5～8次（如感觉练习量不足，可适当增加次数）。

脊椎松解棒位置

- **小工具使用：**

① 小球放在大腿内侧，可有效保持膝盖稳定与提升内收肌群的参与度。

② 脊椎松解棒。

脊椎松解棒动作

①吸气：准备

②呼气：逐节卷起

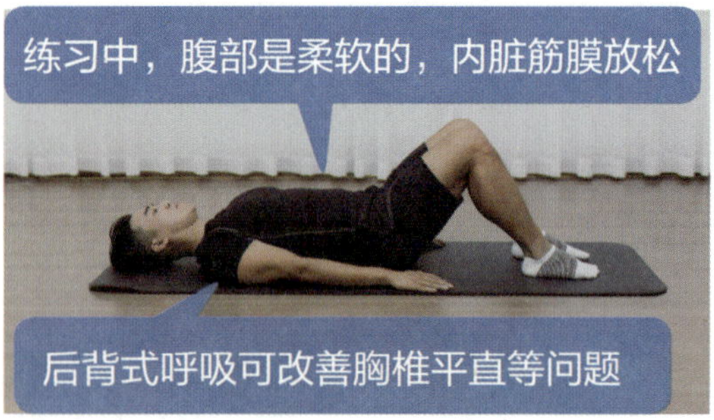

③吸气：收回

注意事项

① 做好髋关节活动，才能带动骨盆前倾或后倾。

② 眼睛保持看斜上方，可有效带动骨盆活动。

③ 练习中，尽量放松肩膀，避免过度紧张。

（二）内收肌群练习

目的：

改善髋关节与提高内收肌群柔韧度。（发力感受：20%~60%）

- **起始位置：** 仰卧在垫子上，双腿屈膝屈髋呈90度，脚跟贴在一起，把魔力圈放在鹅足腱上，保持骨盆中立位，双手放在两侧（如圆肩驼背，可掌心向上）。

- **呼吸方式：**

①吸气：准备。

②呼气：骨盆稳定，内收轻柔，夹紧魔力圈。

③吸气：让魔力圈慢慢回到起始位。

- **建议练习次数：** 8~12次（如感觉练习量不足，可适当增加次数）。

- **小工具使用：**

魔力圈。

使用魔力圈

①吸气：准备

②呼气：向内夹动

③吸气：收回

注意事项

① 眼睛保持看斜上方。

② 练习中，尽量放松肩膀，避免过度紧张。

（三）猫式伸展

目的：

主要在矢状面上，改善脊椎（主要是矢状面）的灵活性。（发力感受：20%~40%）

- **起始位置：** 四肢支撑位，双腿打开，脚跟对齐坐骨，脚背贴在垫子上，手掌心打开，手腕略比肩宽，后脑勺、后背和骶骨连成一条线于中立位，身体重心在臀部，避免手腕压力过大或重心向前。

- **呼吸方式：**

· 改善脊椎的灵活性练习

①呼气：准备。

②吸气：骨盆后倾，从腰椎开始通过后背式呼吸逐节屈曲到胸椎，颈部与头部随胸椎活动。

③呼气：骨盆前倾，从腰椎开始逐节伸展到胸椎，颈部与头部随胸椎活动。

④吸气：回到起始位置。

* 同动作呼吸进阶。

· 强化脊椎屈曲或伸展能力练习

①吸气：准备。

②呼气：骨盆后倾，从尾椎开始逐节屈曲，颈部与头部随胸椎活动。

③吸气：骨盆前倾，从尾椎开始逐节伸展到胸椎，颈部与头部随胸椎活动。

④呼气：回到起始位置。

注意事项

① 髋关节的活动可有效带动骨盆前倾或后倾。

② 注意由眼神带动，避免先动头部再动骨盆，有效带动骨盆活动。

③ 练习中，尽量放松肩膀，避免过度紧张。

◆ **建议练习次数：**5～8次（如感觉练习量不足，可适当增加次数）。

◆ **小工具使用：**

① 小球放在大腿内侧，能有效提升内收肌群的参与度。

② 毛巾可垫高手掌根，减轻手腕压力。

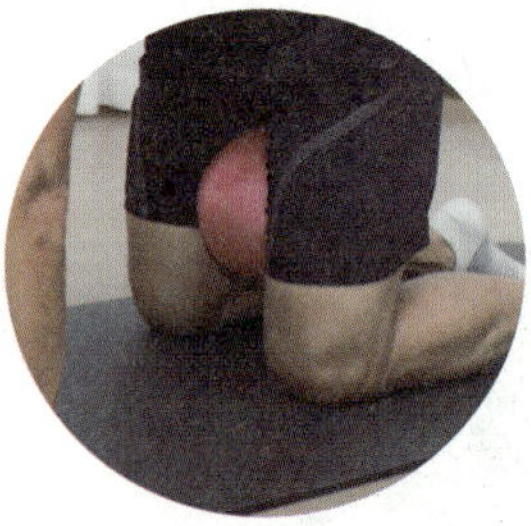

大腿内侧夹小球

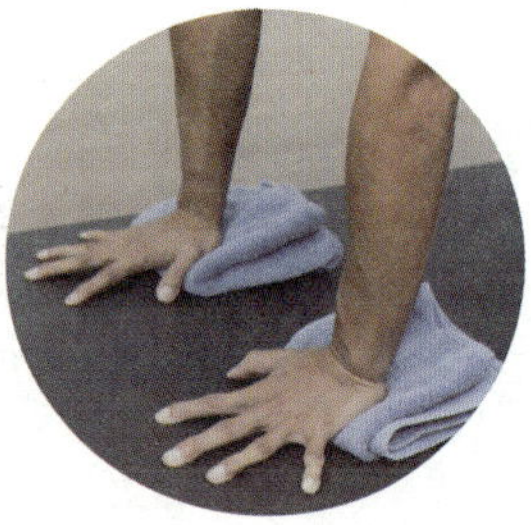

毛巾垫高手掌根

①呼气：准备

②吸气：脊椎屈曲

③呼气：脊椎伸展

④吸气：收回

（四）美人鱼

目的：

改善脊椎（主要是冠状面）的灵活性。（发力感受：20%~40%）

◆ **起始位置：** 在垫子上呈坐姿，盘腿保持身体在中立位，双手打开在肩胛面位置，与肩同高。

◆ **呼吸方式：**

· 改善脊椎的灵活性练习

①吸气：准备。

②呼气：双手打开。

③吸气：骨盆稳定，单侧手放在垫子上支撑，另一只手举高在头顶。

④呼气：从胸椎开始做侧弯，颈部与头部随胸椎活动。

⑤吸气：骨盆稳定，双手打开。

⑥⑦⑧对侧练习。

⑨呼气：回到起始位置。

* 同动作呼吸进阶。

· 强化脊椎稳定性练习

①呼气：准备。

②吸气：双手打开。

③呼气：骨盆稳定，单侧手放在垫子上支撑，另一只手举高在头顶。

④吸气：准备；

呼气：从胸椎开始做侧弯，颈部与头部随胸椎活动。

⑤呼气：骨盆稳定，双手打开。

⑥⑦⑧对侧练习。

⑨吸气：回到起始位置。

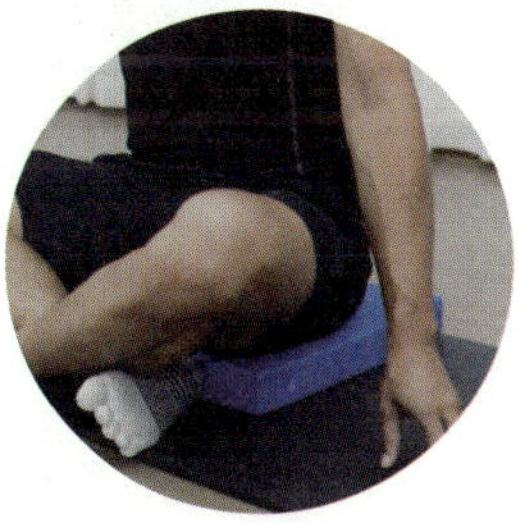

坐在软垫上

◆ **建议练习次数：** 单侧5~8次（如感觉练习量不足，可适当增加次数）。

◆ **小工具使用：**

如坐姿时骨盆没能在中立位，建议用坐垫垫高坐骨。

①吸气：准备

②呼气：双手打开

③吸气：一手上抬，一手下放

④呼气：侧屈胸椎

⑤吸气：胸椎回中，双手抬起

⑥吸气：一手上抬，一手下放

⑦呼气：侧屈胸椎

⑧吸气：胸椎回中，双手抬起

⑨呼气：双手下放

注意事项

① 主要是训练胸椎灵活性，改善脊椎侧弯与平背。

② 注意以眼神带动，减轻颈部压力。

③ 练习中，尽量放松肩膀，避免过度紧张。

（五）胸椎扭转

目的：

改善脊椎（主要是水平面）的灵活性。（发力感受：20%～40%）

◆ **起始位置：**在垫子上侧身，双手轻抱后脑勺，双腿屈膝屈髋呈90度，保持脊椎与骨盆中立位。

◆ **呼吸方式：**

· 改善脊椎的灵活性练习

①呼气：准备。

②吸气：骨盆稳定，上方手肘撑开，扭转胸椎，颈部与头部随胸椎活动。

③呼气：骨盆稳定，上方手肘带动胸椎，慢慢回到起始位置，颈部与头部随胸椎活动。

*同动作呼吸进阶。

· 强化脊椎的扭转能力练习

①吸气：准备。

②呼气：骨盆稳定，上方手肘撑开，扭转胸椎，颈部与头部随胸椎活动。

③吸气：骨盆稳定，上方手肘带动胸椎，慢慢回到起始位置，颈部与头部随胸椎活动。

◆ **建议练习次数：**单侧5～8次（如感觉练习量不足，可适当增加次数）。

◆ **小工具使用：**

毛巾夹在大腿内侧，内收肌群发力，提升骨盆的稳定性。

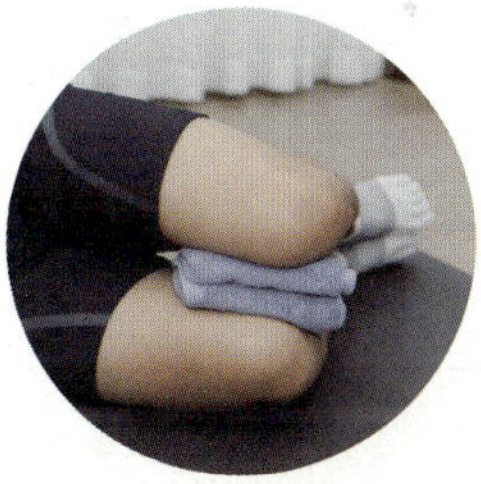

毛巾夹在大腿内侧

①吸气：准备

②呼气：扭转胸椎

③吸气：收回

注意事项

① 保持骨盆稳定性，避免骨盆前旋或后旋。

② 上方手肘带动胸椎，提升胸椎灵活性。

③ 练习中，尽量放松肩膀，避免过度紧张。

（六）天鹅伸展

目的：

改善脊椎（主要是矢状面）的灵活性。（发力感受：20%~40%）

◆ **起始位置：**俯卧在垫子上，双手置于肋骨两侧，头部微抬起，鼻尖在垫子上方，脚背贴在垫子上，膝盖离开垫子，骨盆微后倾，髋部伸展，后脑勺、背部、骶骨位于一条线上。

◆ **呼吸方式：**

· 改善脊椎的灵活性练习

①呼气：准备。

②吸气：双手手臂发力撑起胸椎，做伸展，逐节向上卷起，颈部与头部随胸椎活动。

③呼气：双手屈手肘，手臂发力带动骨盆后倾，脊椎逐节向下卷动，慢慢回到起始位置，颈部与头部随胸椎活动。

* 同动作呼吸进阶。

· 强化脊椎屈曲或伸展能力练习

①吸气：准备。

②呼气：双手手臂发力撑起胸椎，做伸展，逐节向上卷起，颈部与头部随胸椎活动。

③吸气：双手屈手肘，手臂发力带动骨盆后倾，脊椎逐节向下卷动，慢慢回到起始位置，颈部与头部随胸椎活动。

◆ **建议练习次数：** 5～8次（如感觉练习量不足，可适当增加次数）。

◆ **小工具使用：**

毛巾放在髂前上棘下方，可有效减少腰部代偿与保持骨盆在后倾位。

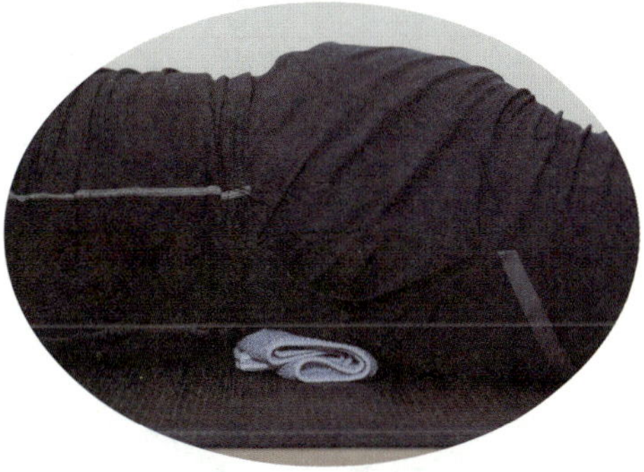

毛巾放在髂前上棘下方

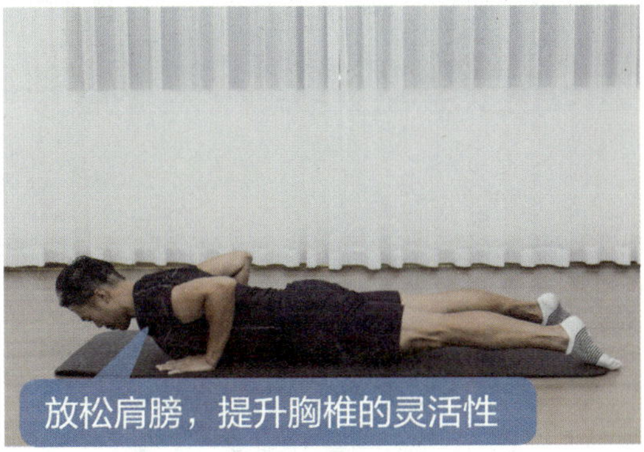

①呼气：准备

②吸气：脊椎伸展

③呼气：逐节往下落，收回

注意事项

① 如胸椎反弓，不建议练习该动作。

② 保持骨盆后倾，避免出现腰部代偿。

③ 以目光带动胸椎伸展，如出现腰部代偿，应减小幅度。

④ 练习中，尽量放松肩膀，避免过度紧张。

（七）侧身抬腿

（1）外旋

目的：

锻炼髋关节灵活性，加强臀部练习。（发力感受：20%～60%）

◆ **起始位置：**在垫子上侧卧，头部枕在下方手臂，上方手臂放在胸前，双腿屈膝屈髋呈90度，双脚脚跟贴紧，保持脊椎与骨盆在中立位。

◆ **呼吸方式：**

①吸气：准备。

②呼气：骨盆稳定，臀部发力，大腿做外旋。

③吸气：骨盆稳定，有控制地慢慢下落到起始位置。

◆ **建议练习次数：**单侧8～12次（如感觉练习量不足，可适当增加次数）。

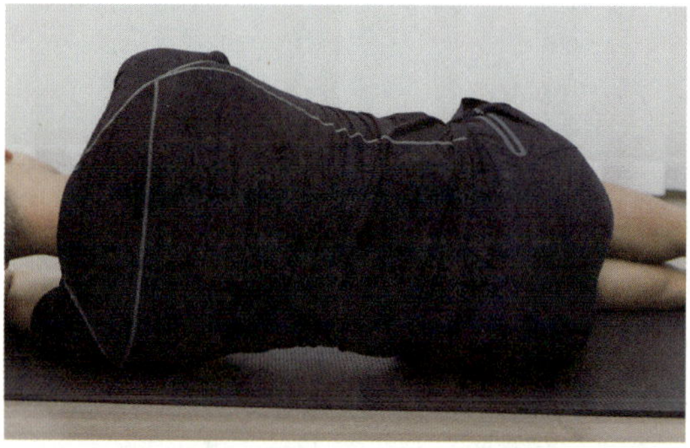

特写

①吸气：准备

②呼气：单腿外旋抬起

③吸气：收回

注意事项

① 保持骨盆稳定，避免骨盆前旋或后旋。

② 保持眼看前方。

③ 练习中，尽量放松肩膀，避免过度紧张。

（2）外展

目的：

锻炼髋关节灵活性，加强臀部练习。（发力感受：20%~60%）

◆ **起始位置：**在垫子上侧卧，头部枕在下方手臂，上方手臂放在胸前，双腿屈膝屈髋呈90度，上方腿抬起，保持脚跟、膝盖与髋部在一条线上，保持脊椎与骨盆中立位。

◆ **呼吸方式：**

①吸气：准备。

②呼气：骨盆稳定，慢慢上抬。

③吸气：骨盆稳定，有控制地慢慢下落到起始位置。

◆ **建议练习次数：**单侧8~12次（如感觉练习量不足，可适当增加次数）。

①吸气：准备

②呼气：单腿外展

③吸气：收回

注意事项

① 保持骨盆稳定，避免骨盆前旋或后旋。

② 保持眼看前方。

③ 练习中，尽量放松肩膀，避免过度紧张。

（3）内旋

目的：

锻炼髋关节灵活性，加强臀部练习。（发力感受：20%~60%）

◆ **起始位置：**在垫子上侧卧，头部枕在下方手臂，上方手臂放在胸前，下方腿屈膝屈髋呈90度，上方腿抬起伸直呈45度，脚跟、膝盖与髋部在一条线上，脚趾向内旋，保持脊椎与骨盆中立位。

◆ **呼吸方式：**

①吸气：准备。

②呼气：骨盆稳定，臀部发力，慢慢下落。

③吸气：骨盆稳定，有控制地慢慢上抬到起始位置。

◆ **建议练习次数：**单侧8~12次（如感觉练习量不足，可适当增加次数）。

①吸气：准备

②呼气：直腿内旋向下

③吸气：收回

注意事项

① 保持骨盆稳定，避免骨盆前旋或后旋。

② 保持眼看前方。

③ 练习中，尽量放松肩膀，避免过度紧张。

第三章
方　案

一、腿型

（一）X型腿

①**腿型结构**：胫骨外旋，膝外翻，股骨内旋，骨盆前倾。

②**缩短的肌肉**：长收肌、短收肌、耻骨肌、阔筋膜张肌、臀中小肌前二分之一、股二头肌、腓肠肌外侧头、腓骨长肌和腓骨短肌。

③**拉长的肌肉**：臀中小肌后二分之一、臀大肌后侧缘、胫骨前肌、股薄肌、大收肌。

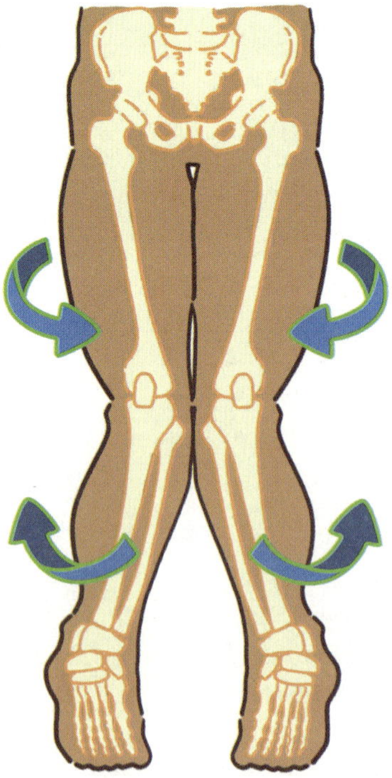

X型腿示意图

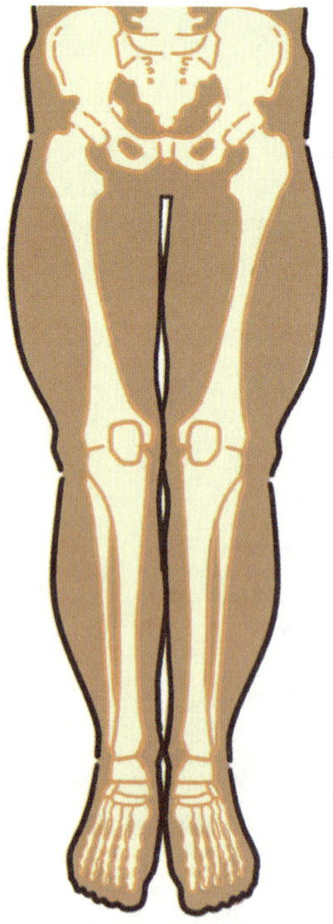

良好腿型示意图

骨盆前倾	
缩短的肌肉	股直肌、缝匠肌、阔筋膜张肌、髂腰肌、竖脊肌、背阔肌、臀中小肌前二分之一、长收肌、短收肌、耻骨肌、股薄肌、腰方肌、腹内斜肌
拉长的肌肉	臀大肌、臀中小肌后二分之一、腘绳肌、大收肌、腹外斜肌

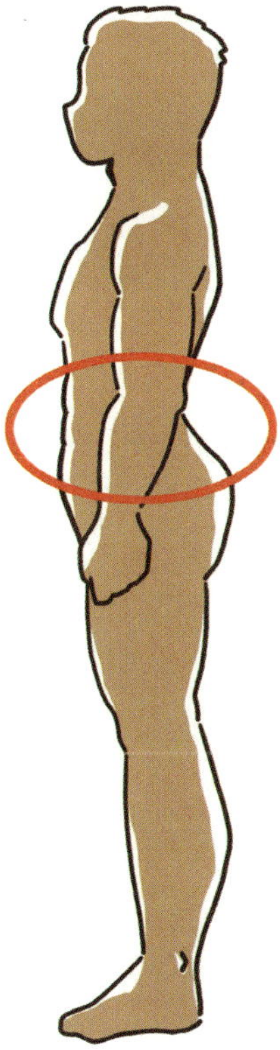

骨盆前倾示意图

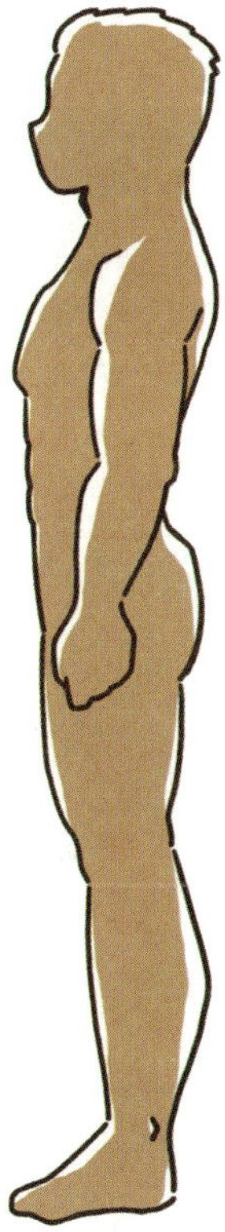

良好体态示意图

暖身动作		
垫上：骨盆卷起	垫上：美人鱼	垫上：胸椎扭转

训练动作			
名称	动作名称	弹簧	辅助工具
开腿系列（脚杆）	① 外旋； ② 平行； ③ 内旋	2红	毛巾放在下腰部（稳定腰椎）
臀腿系列（脚杆）	① 外旋屈伸； ② 脚跟踩杆； ③ 脚跟提起； ④ 脚踝屈伸	1红1蓝	毛巾放在下腰部（稳定腰椎）；小垫子放在脚跟内缘
臀腿系列（脚绳）	①外旋； ②屈伸； ③内旋	1红1蓝	小垫子放在脚跟内缘
双腿上抬与下放	① 外旋； ② 平行	1红1蓝	小垫子放在脚跟内缘

续表

训练动作			
名称	动作名称	弹簧	辅助工具
双腿划圈	① 外旋； ② 平行； ③ 内旋	1红1蓝	—
手臂系列	① 三头肌练习； ② 直臂； ③ 侧展	1蓝	毛巾放在下腰部（稳定腰椎）
百次拍击	① 100次拍击； ② 三头肌练习与核心强化	1红	毛巾放在下腰部（稳定腰椎）
天鹅伸展	—	1红	—
俯卧练习	① 划船； ② 三头肌练习； ③ 飞翔	1黄	—
髋部练习	① 脊椎伸展练习； ② 屈曲； ③ 直背； ④ 提膝练习（中级）	1红	—
猫式练习	① 屈曲； ② 直背	1红	—
平板支撑	—	1红	—
胸椎扭转	—	1蓝	—
后卷练习	① 卷腹； ② 卷腹，扭转	1蓝	—
向前推动	① 直臂向前； ② 双手划圈； ③ 二头肌练习	1蓝	—
侧身抬腿（垫上）	① 外旋（暖身）； ② 外展； ③ 内旋	—	—
拉伸大腿系列：地面单腿伸展	—	1红	—
侧开腿练习	① 直腿外展与内收； ② 屈膝外展与内收； ③ 侧身跑步练习	1蓝	—

注：如在练习中使用弹簧过重，可适当调整。

（二）O型腿

①**腿型结构**：胫骨内旋，膝内翻，股骨外旋，骨盆后倾。

②**缩短的肌肉**：臀中小肌后二分之一、臀大肌侧缘、胫骨前肌、股薄肌、大收肌。

③**拉长的肌肉**：长收肌、短收肌、耻骨肌、阔筋膜张肌、臀中小肌前二分之一、股二头肌、腓肠肌外侧头、腓骨长肌、腓骨短肌。

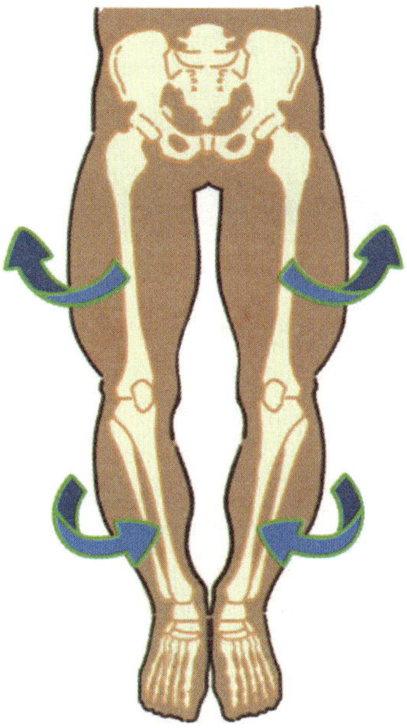

O型腿示意图

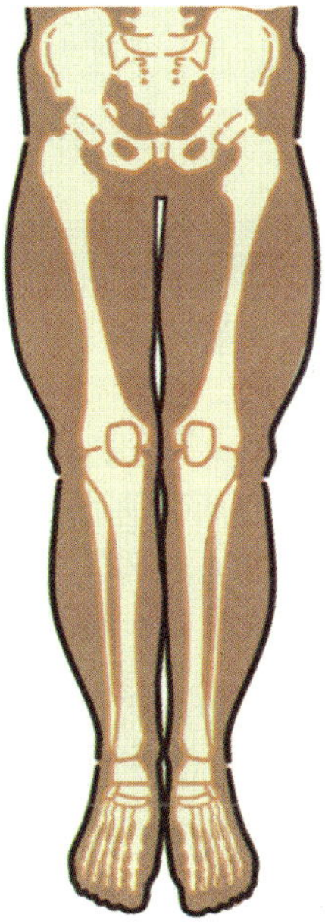

良好腿型示意图

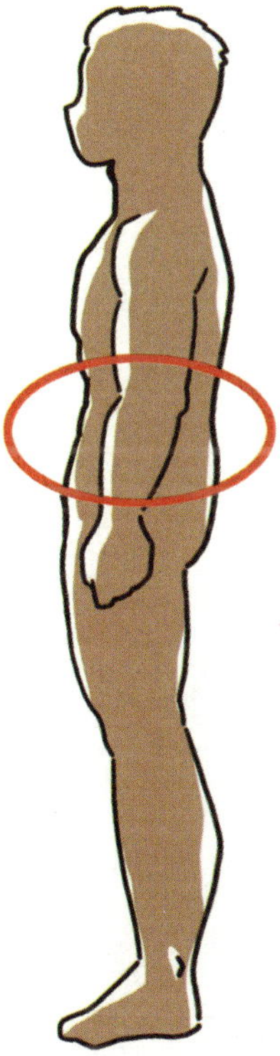

骨盆后倾示意图

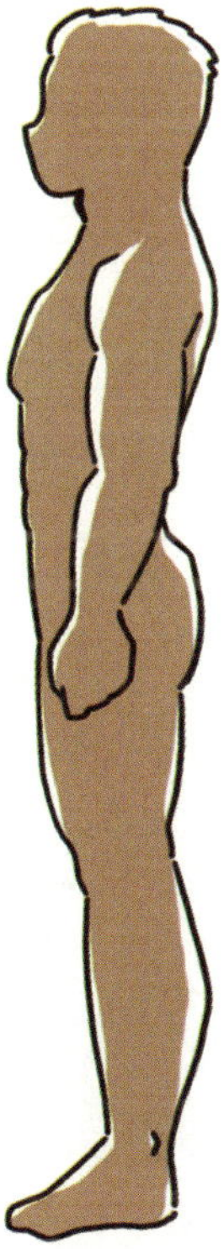

良好体态示意图

骨盆后倾	
缩短的肌肉	腹直肌、腘绳肌、腹外斜肌、腹直肌、大收肌
拉长的肌肉	股直肌、长收肌、短收肌、股薄肌、耻骨肌、髂腰肌、竖脊肌、背阔肌、腰方肌、腹内斜肌

暖身动作		
垫上：猫背伸展	垫上：美人鱼	垫上：胸椎扭转

训练动作			
名称	动作名称	弹簧	辅助工具
臀腿系列	① 脚跟踩杆； ② 脚趾抓杆； ③ 脚尖提起； ④ 脚踝屈伸	2红	毛巾放在大腿内侧，骨盆保持在中立位，如有腰椎代偿，可把毛巾放在腰部，稳定腰椎
腿部系列（脚绳）	①屈伸； ②外旋； ③内旋	1红1蓝	毛巾放在大腿内侧
双腿抬起与落下	①平行； ②外旋	1红1蓝	—
双腿划圈	①平行； ②内旋； ③外旋	1红1蓝	—
手臂系列（手绳）	①三头肌练习； ②直臂； ③侧展	1蓝	—
天鹅伸展	—	1红	—
腘绳肌练习	—	1蓝	—
俯卧练习	①划船； ②三头肌练习	1蓝	—
髋部练习	①脊椎伸展练习； ②直背； ③屈曲	1蓝	—
弓形伸展（中级）	—	1红	—
美人鱼	—	1红	—
后背练习	①划船； ②飞翔； ③三头肌练习	1蓝	—
后卷练习	①卷腹； ②卷腹与手臂练习	1蓝	—

续表

训练动作			
名称	动作名称	弹簧	辅助工具
木板单腿伸展	—	1红	—
跑步练习	—	1蓝	—
侧开腿练习	①直腿外展与内收； ②屈膝外展与内收	1黄	—

注：如在练习中使用弹簧过重，可适当调整。

（三）XO型腿

由于受到运动损伤、外伤、骨骼发育不良、不良走路姿势、生活习惯和久坐习惯等影响而形成的，XO型腿不属于O型腿或X型腿，是一种特殊的腿型。

①**腿型结构**：胫骨内旋，膝内翻，股骨内旋。

②**缩短的肌肉**：内收肌群、阔筋膜张肌、臀中小肌前二分之一、半腱肌、半膜肌。

③**拉长的肌肉**：臀大肌、臀中小肌后二分之一、胫骨前肌、腓肠肌外侧头、腓骨长肌、腓骨短肌。

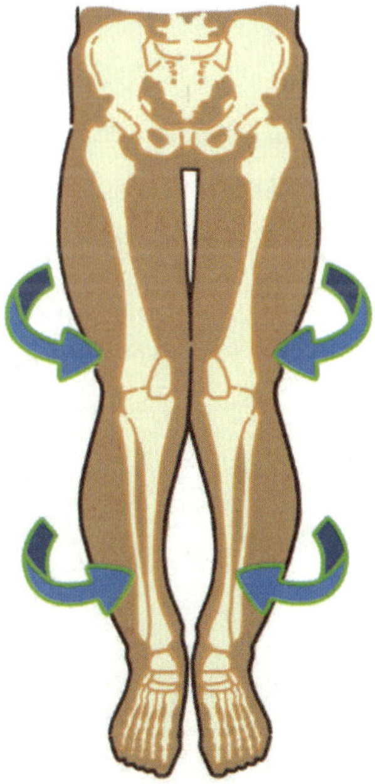

XO型腿示意图

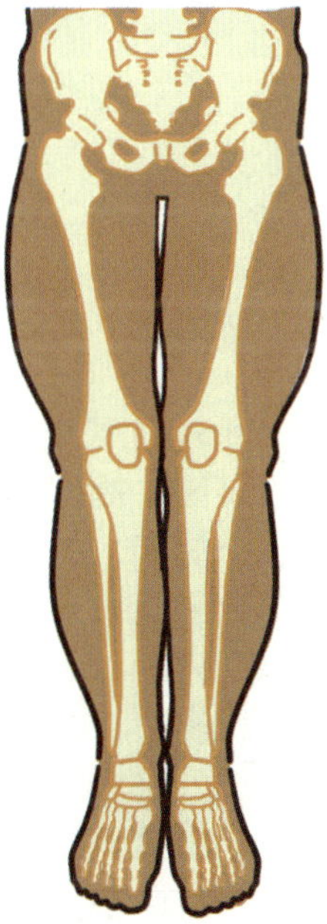

良好腿型示意图

骨盆前倾	
缩短的肌肉	股直肌、缝匠肌、阔筋膜张肌、髂腰肌、竖脊肌、背阔肌、臀中小肌前二分之一、长收肌、短收肌、耻骨肌、股薄肌、腰方肌、腹内斜肌
拉长的肌肉	臀大肌、臀中小肌后二分之一、腘绳肌、大收肌、腹外斜肌

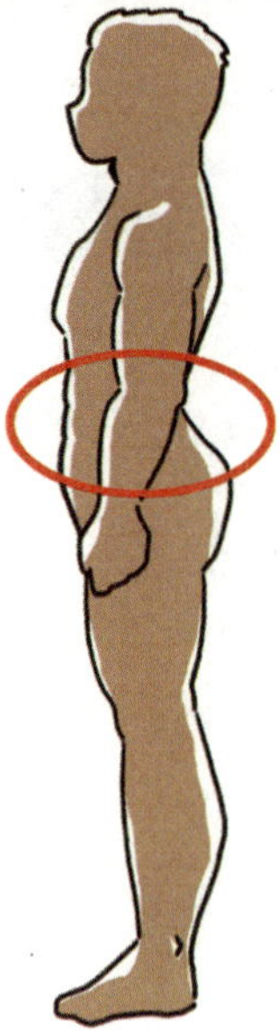
骨盆前倾示意图

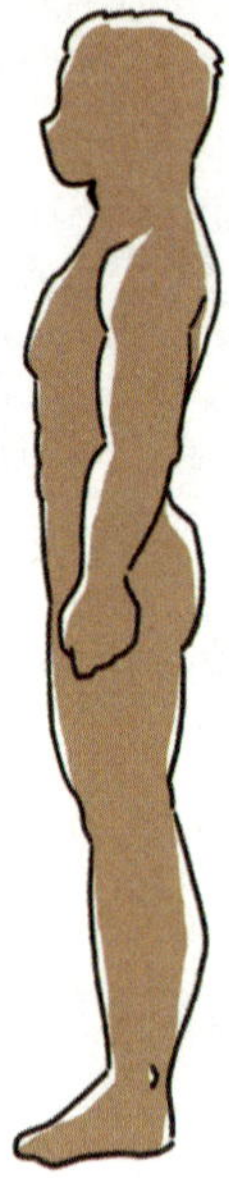
良好体态示意图

暖身动作			
垫上：骨盆卷起	垫上：天鹅伸展	垫上：美人鱼	垫上：胸椎扭转

拉伸动作		
腿部练习	脚踝屈伸	弹簧：2红

训练动作

名称	动作名称	弹簧	辅助工具
开腿系列（脚杆）	① 平行； ② 外旋； ③ 内旋	2红1蓝	毛巾放在下腰部（稳定腰椎）
腿部系列（脚杆）	① 脚跟踩杆； ② 脚趾抓杆； ③ 外旋屈伸； ④ 脚尖提起	2红1蓝	毛巾放在下腰部（稳定腰椎）
腿部系列（脚绳）	① 屈伸； ② 外旋； ③ 内旋	1红1黄	小垫子放在大腿内侧、小腿内侧和脚跟内缘
双腿上抬与下放	① 平行； ② 外旋	1红1黄	小垫子放在大腿内侧、小腿内侧和脚跟内缘
双腿划圈	① 平行； ② 外旋； ③ 内旋；	1红1黄	—

续表

训练动作			
名称	动作名称	弹簧	辅助工具
手臂系列	① 三头肌练习； ② 直臂； ③ 侧展	1蓝	毛巾放在下腰部（稳定腰椎）
百次拍击	100次拍击	1红	—
天鹅伸展	—	1红	—
腘绳肌练习	—	1蓝	—
俯卧练习	① 划船； ② 三头肌练习	1蓝	—
髋部练习	① 脊椎伸展练习； ② 屈曲； ③ 直背； ④ 提膝练习（中级）	1红	—
猫式练习	① 屈曲； ② 直背	1蓝	—
弓形伸展（中级）	—	1红	—
后背练习	① 划船； ② 飞翔； ③ 三头肌练习； ④ 二头肌练习	1蓝	—
胸椎扭转	—	1蓝	—
坐姿卷腹	① 向后卷动； ② 直背挑战； ③ 扭转		—
地面单腿伸展	—	1红	—
跑步练习	—	1蓝	—
侧开腿练习	① 直腿外展与内收； ② 屈膝外展与内收； ③ 侧身跑步练习	1黄	—
侧身抬腿（垫上）	① 外旋； ② 外展； ③ 内旋	—	—
美人鱼（中级）	① 侧弯； ② 胸椎扭转	—	—

注：如在练习中使用弹簧过重，可适当调整。

2 二、体态

小腹凸出（骨盆前倾）	
表现	内脏向前向下移位，肚脐以下突出，如“啤酒肚”，常见于产后人群
缩短的肌肉	股直肌、缝匠肌、阔筋膜张肌、髂腰肌、竖脊肌、背阔肌、臀中小肌前二分之一、长收肌、短收肌、耻骨肌、股薄肌、腰方肌、腹内斜肌
拉长的肌肉	臀大肌、臀中小肌后二分之一、腘绳肌、大收肌、腹横肌、腹外斜肌，腹直肌

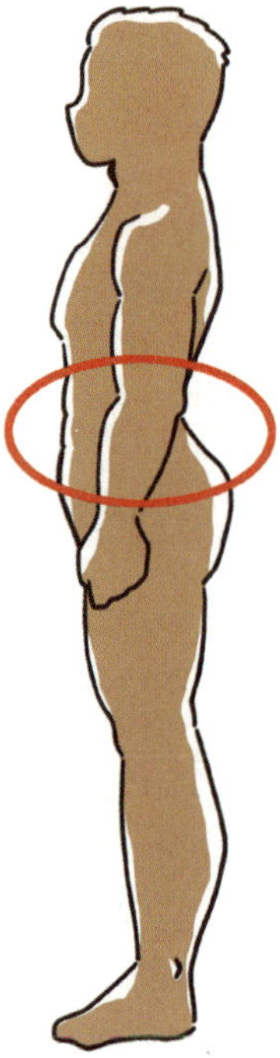
骨盆前倾示意图

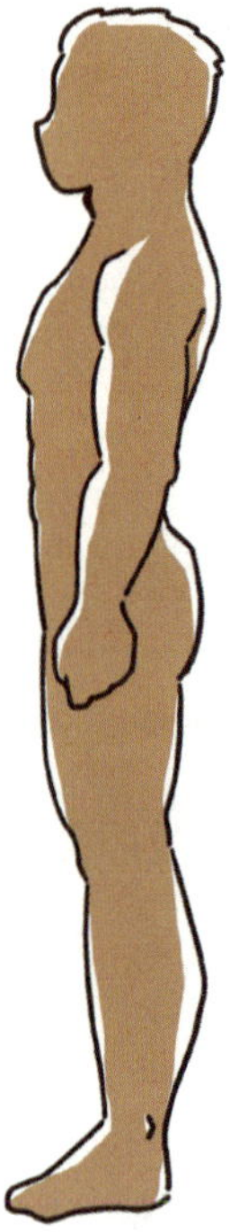
良好体态示意图

暖身动作		
垫上：骨盆卷起	垫上：美人鱼	垫上：胸椎扭转

拉伸动作	
脚踝屈伸	弹簧：2红

训练动作			
名称	动作名称	弹簧	辅助工具
骨盆卷起与蹬腿	—	2红1黄	—
开腿练习	① 平行； ② 外旋； ③ 内旋	2红	毛巾放在下腰部（稳定腰椎）

续表

训练动作				
名称		动作名称	弹簧	辅助工具
臀腿系列	外旋腿屈伸练习	—	2红	—
	后腿踩杆	—		—
	脚趾抓杆	—		—
	脚尖提起	—		—
	跑步练习	—		—
	单腿练习	① 屈伸练习； ② 单腿练习； ③ 脚绳系列		—
	屈伸练习	① 平行； ② 外旋； ③ 内旋	1红1蓝	—
	上抬与下放	① 平行； ② 外旋		—
	髋关节灵活	—		—
	反向卷腹	—		—
	双腿划圈	① 平行； ② 外旋； ③ 内旋		—
手臂系列		① 三头肌练习； ② 直臂； ③ 侧展； ④ 100次拍击	1红	—
俯卧		天鹅伸展	1红	—
		俯卧练习： ①划船； ② 三头肌练习	1蓝	—
		猫式练习： ① 屈曲； ② 直背	1红	—
		平板支撑	1红	—

续表

训练动作			
名称	动作名称	弹簧	辅助工具
坐姿与跪姿	美人鱼	1红	—
	坐姿卷腹： ① 向后卷动； ② 直背挑战； ③ 扭转		—
站姿	拉伸大腿系列： ① 木板单腿伸展； ② 弓步协调练习（中级）	1红	—
	跑步练习	1蓝	—
	侧开腿练习： ① 直腿外展与内收； ② 屈膝外展与内收	1蓝	—
垫上	侧身抬腿： ① 外旋； ② 外展； ③ 内旋		—

注：如在练习中使用弹簧过重，可适当调整。

小腹凸出（骨盆后倾）	
表现	肚脐区域突出，常见于骨盆前移人群
缩短的肌肉	腘绳肌、腹外斜肌、腹直肌、大收肌
拉长的肌肉	股直肌、长收肌、短收肌、股薄肌、耻骨肌、髂腰肌、竖脊肌、背阔肌、腰方肌、腹内斜肌

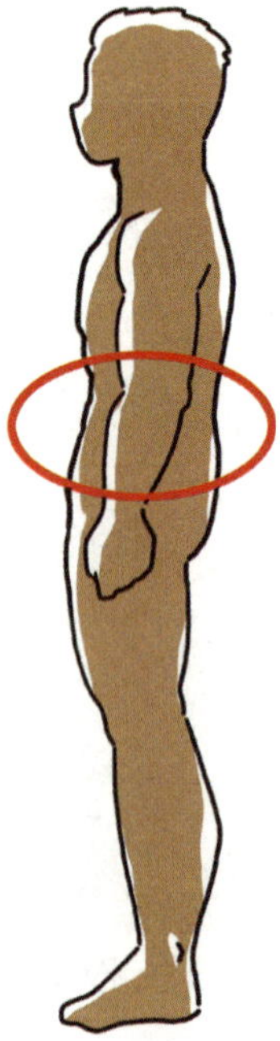

骨盆后倾示意图

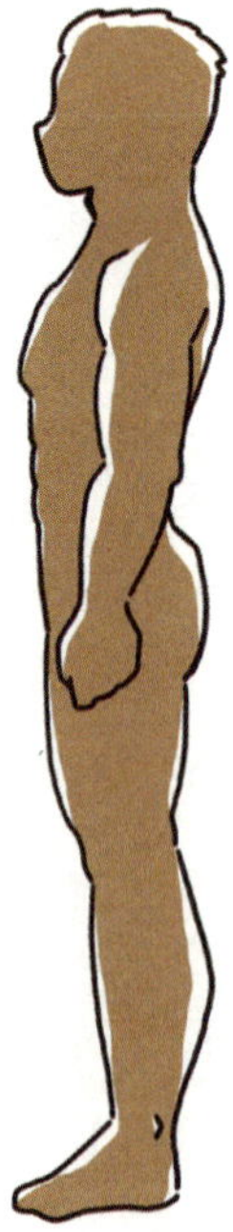

良好体态示意图

暖身动作			
骨盆卷起	天鹅伸展	美人鱼	胸椎扭转

训练动作				
名称		动作名称	弹簧	辅助工具
骨盆卷起与蹬腿		—	2红	—
开腿练习		—	2红	毛巾放在下腰部（稳定腰椎）
臀腿系列	后腿踩杆	—	2红	—
	脚趾抓杆	—		—
	外旋腿屈伸练习	—		—
	脚尖提起	—		—
	跑步练习	—		—
	单腿练习	① 屈伸练习； ② 协调练习； ③ 单腿练习		—
脚绳系列	屈伸练习	① 平行； ② 内旋； ③ 外旋	1红 1蓝	—
	上抬与下放	① 平行； ② 内旋		—
	髋关节灵活	—		—
	反向卷腹	—		—
	双腿划圈	① 平行； ② 内旋； ③ 外旋		—
手臂系列		① 三头肌练习； ② 直臂； ③ 侧展； ④ 100次拍击	1红	—
俯卧		天鹅伸展	1红	—
		俯卧练习： ① 划船； ② 三头肌练习	1红	—
		猫式练习： ① 屈曲； ② 直背	1红	—
		平板支撑	1蓝	—

续表

训练动作			
名称	动作名称	弹簧	辅助工具
坐姿与跪姿	美人鱼		—
	后卷练习： ① 卷腹； ② 卷腹和手臂练习； ③ 卷腹和扭转	1红	—
	天鹅伸展		—
站姿	拉伸大腿系列	1红	—
	地面单腿伸展		—
	跑步练习	1蓝	—
	侧开腿练习： ① 直腿外展与内收； ② 屈膝外展与内收	1蓝	—
垫上	侧身抬腿： ① 外展； ② 内旋； ③ 外旋		—

注：如在练习中使用弹簧过重，可适当调整。

圆肩驼背	
缩短的肌肉	胸大肌、胸小肌、腹直肌、三角肌前束、上斜方肌、肩胛提肌、头颈夹肌上半段、胸锁乳突肌
拉长的肌肉	菱形肌、背阔肌、中下斜方肌、下颌舌骨肌、胸骨舌骨肌

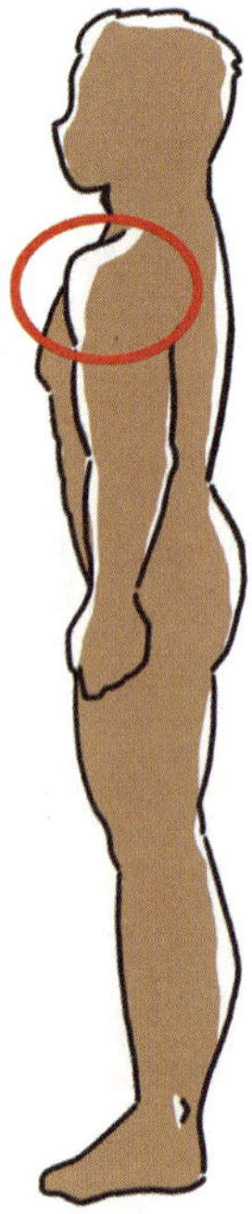
圆肩驼背示意图

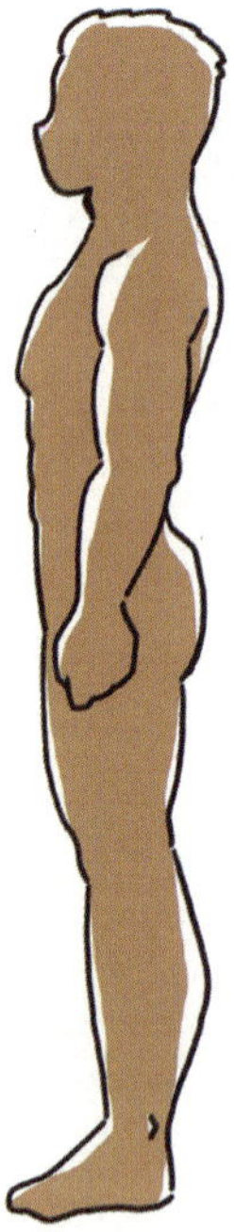
良好体态示意图

暖身动作			
垫上：猫式伸展	垫上：天鹅伸展	垫上：美人鱼	垫上：胸椎扭转

训练动作				
名称	动作名称	弹簧	辅助工具	备注
开腿练习	① 平行； ② 外旋； ③ 内旋	2红	毛巾放在下腰部（稳定腰椎）	头垫垫高（避免头前引） 掌心向上（改善如肩膀内扣、肱骨内旋）
臀腿系列	① 后腿踩杆； ② 脚趾抓杆； ③ 外旋腿屈伸练习； ④ 跑步练习	2红	—	—
脚绳系列	① 外展内收练习； ② 反向卷腹； ③ 双腿划圈：平行、内旋、外旋	1红1黄	—	—
手臂系列	三头肌练习	1蓝	—	—
	直臂		—	—
	侧展		—	—
	100次拍击		—	—
俯卧	天鹅伸展	1红	—	—
	俯卧练习： ① 划船； ② 三头肌练习； ③ 飞翔练习	1蓝	—	—
	猫式练习： ① 屈曲； ② 直背	1红	—	—
	弓形伸展（中级）		—	—

续表

训练动作				
名称	动作名称	弹簧	辅助工具	备注
坐姿与跪姿	美人鱼	1蓝	—	—
	手臂强化系列： ① 外旋； ② 外展； ③ 内旋； ④ 内收； ⑤ 直臂外展； ⑥ 直臂内收； ⑦ 反手； ⑧ 侧身反手	1黄	—	—
站姿	拉伸大腿系列： ① 地面单腿伸展； ② 跑步练习	1红	—	—
		1黄	—	—

注：如在练习中使用弹簧过重，可适当调整。